なごや飲《おん》食《じき》夜《や》話《わ》

安田文吉

中日新聞社

プロローグ

ごまゃぁーすばせ。

よう、おいらゃぁーすばしたなも。まあ一服どうだゃぁーも。

つい最近まで名古屋のあちこちで聞かれたごく普通の挨拶だが、このごろはめっきり聞かれなくなってしまった。名古屋弁は発音が非常にまろやかで優しい。ただ名古屋弁を文字表記するのはとても難しく、よく「いりゃーせ」「うみゃー」とか表記してあるのを見かけるが、これでは名古屋弁の発音が間違って伝えられてしまう。名古屋弁は「みゃーみゃー言葉だ」と言われる所以《ゆえん》だ。僕もいろいろ考えた末、可能なかぎり正確に名古屋弁を伝えられる文字表記はこれしかないと、右のように書くことにしている。すなわち「いらゃぁーせ」「うまゃぁー」。昨今有名になったドラゴンズ星野監督（当時）のビールの宣伝「でらうま！」は「どえらゃぁーうまゃぁー！」となる。

名古屋弁の特色はあそばせ言葉、様付け言葉、ござる言葉。冒頭の会話は標準態では、ごめんあそばせ。

よく、おいであそばしましたね。まあ一服いかがですか。

となる。つまりあそばせ言葉。様付けは、親戚のおじさんおばさんは「おじさま」「おばさま」、兄弟は「にいさま」「ねえさま」、名前にも付いて、「文さま」あるいは「文ちゃま」。さまとちゃまの違いは、かわいいか、かわいくないかできまる。僕はずっと「文ちゃま」。ござるは本来武家言葉で、「安田でござりまする」「安田でござりまするでござりまする」などと言う。

二十一世紀は地域文化の時代。世界からの情報が輻輳する中で、ともすれば自分たちの文化を失いかねない。世界のそれぞれの国には固有の文化が生まれ育ってきた。その文化を正確に知る、知らせることが、お互いを真に理解するのに必要。世界の中の日本、日本の中の中部、中部の中の愛知、愛知の中の尾張・三河、尾張の中の名古屋・熱田などと地域を細かく分けていくと、それぞれの範囲の地域に個性ある文化があることに気づく。例えば日本文化の特色を一口で言うならば、縦書きの文化、木の文化、稲の文化、無駄のない文化など。漢字も仮名も縦書き用に作られているのであって、それを横書きにすることからすでに日本文化の破壊が始まっている。

名古屋弁にしても、広小路通りを境に、北は上町《うわまち》、南は下《しも》、さらに下って熱田は、それぞれ上町言葉、下の言葉、熱田言葉（宮弁）と違っており、天白川を越えて知多半島に入ると知多弁。東海市加木屋地区では「ほんのり」は「ほんとうに」、「じっと」は「たいへんしばしば」の意だ。このようにごく狭い範囲に個性ある文化が存在するのが地域文化の特色だ。「なごや飲食夜話」は、名古屋の文化にこだわって、できるだけ正確な名古屋文化をお話ししたい。ちなみに、名古屋は「な」にアクセントがあるのではなく、「や」に軽いアクセントをつけほとんど棒状に言うのが正しい。例えば東京の神田とか日比谷のように。（１９９９年11月）

なごや飲《おん》食《じき》夜話　もくじ

プロローグ　ごみゃーすばせ……1

第1章　晴れの日の食事

熱田の正月……10
水餅……13
踊り初めは　お汁粉……16
初ゑびすには鮒……20
ええなも　お正月……23
今年しゃ酉年……26
花の撓……29
おでんには味噌をつけて……32
おしもん……36
黄色いおこわ……39
尚武会（熱田祭）と寿司……42
また、尚武会……45
かみなり干し……49
おしょろいさま……52
お月見……55
秋は「とごり」……58
鯊釣り……61
餅搗き……64

第2章　普段の日の食事

ゆつき　あんかけ……70
春はつくしづくし……74
木の芽田楽……78

蕗の薹……81
春の　はえ……85
わが家の「ねぎま」……89
ちんみの思い出……92
鰹　新節　なまり節……95
氷水やひやっこい……99
夏は海胆……102
莢豌豆の玉子とじ……105
じゃこは酢溜り大根おろし……108
うなぎと梅干し……112
「にわえ」はいいわえ……116
秋の宝石「栗きんとん」……119
お十夜……122
どんど　焼き芋　秋葉さん……125
すぶて……128
海鼠　海鼠腸　新四国……131
昼は白玉……135
めじろはめじろ……138

第3章　名古屋ごはん

つぼどん　つぼどん……144
春のうなぎ①……148
春のうなぎ②……152
宗春弁当……156
ひきずり　七輪……159
助六寿司は名古屋発……162

せんじの夏……166
名古屋の麺……170
ういろうはお薬……174
わが家は味噌煮……178
冬は鮒味噌……182
鰤は味噌漬溜り漬……185
本当の名古屋食文化……188

第4章　気に入りの店ほか

レストラン　シャトー……192
大衆食堂　安藤……195
楽屋食堂　御園座……198
カレー　松の実……201
気に入りの店……205
たわけ……211
番外編　八重山料理……214
あとがき……218

イラスト
石原　愛
伊藤　結
加藤　由恵
布藤真千代
安田　文吉

第1章

晴れの日の食事

熱田の正月

去年よりは、うん、今年

正月になると、必ずやってくるのが万歳。わが家はもと名古屋市熱田区の旗屋町だったので、知多から万歳が祝いに来た。このごろは尾張万歳も、三河万歳もお正月に家々を回って祝うことは、だんだん無くなってきたようで、寂しいかぎりだ。この万歳の祝いの文句の締めくくりが右の「去年よりは、うん、今年」。「うん」が必ず付く。これは、単なる掛け声なのだが、この言葉により、去年よりはきっと今年のほうが良い年だと思えてくるから不思議だ。

江戸時代の旗屋町の松飾りは異色で、「尾張名所図会」に、その図があるが、竹で支えた二本の長い竹を門の両側に立て、その竹と竹を注連縄《しめ》で結び、その前に二本の若松を立てている。「尾張名所図会」に、

……松より竹の数多く、家毎に立つらねたるさま、あたかも竹林に居るがごとく、行き

かふ人の、礼服、えぼし、狩衣などのはなやかなるは、都の春のおもかげもそひて……とあるように、正月の晴れ着が竹の葉と幹と松葉の緑に映えて、一層華やかに見え、京の春もかくやと思わせるようだった。正月はやはり晴れ着が似合う。しかし、最近は、初詣《はつもうで》にもジーンズや普段着で行く若者が増え、全く嘆かわしい。これは正月の意味を知らないから。正月はまさに晴れの日、特別の日。去年の災いをすべて断ち切って、すべてが新しく蘇《よみがえ》り、新しい年を迎え、この一年の繁栄を予祝するから。お屠蘇《とそ》の意はこれであり、万歳も必要なのだ。

元日の朝はお雑煮から。わが家ではお屠蘇はいつも省略。お雑煮は、溜《たま》り（溜り醤油ではない。溜りは溜り）仕立ての澄まし汁で、二寸角の、焼かない切り餅《もち》と餅菜を煮ただけのもの。僕は今でもこれを、五杯は食べる。おつゆはほとんど飲まない。ただただ餅のうまさにひかれるから。よく、名古屋人はケチだから、雑煮までもケチっていると言われるが、こういう人は気の毒な人だ。

お雑煮に、餅以外の、蒲鉾《かまぼこ》・かしわ・椎茸《しいたけ》・芋などを入れるところもあるようだが、それはそれで結構なこと。当地は、餅米の良さから、餅そのものがうまいので、他の実（具のことを言う。僕は具という言い方が嫌い）は不必要。

お雑煮をひとしきり食べたら、次はお節《せち》料理。わが家のお節料理は、五段重ねの瀬戸物《せともん》に入れる。上から、芯が鯊《はぜ》の昆布巻き、酢ごぼう、黒豆、たつくり、鯊の甘露煮。蒲鉾とか、玉子巻とか、慈姑《くわい》などといった一般のお節料理とは様子が違う。

秋に鍋田沖や三重県桑名の揖斐川川口で釣ったやや小ぶりの鯊を白焼きにして干した物を使う鯊の甘露煮は、伯母が七輪でコトコトと長時間かけて煮たもの。「頭の骨まで食べられる」と、僕は幼いころからこの煮た鯊を頭から食べさせられた。この後、お年玉をもらい、年賀状を読むのが元旦の朝だった。(2000年11月)

水餅

お正月は、開口一番「新年明けましておめでとう」。しかし、何が一体「めでたい」のか。こんな屁理屈《へりくつ》をいうと、正月早々縁起でもないと叱られそうなのだが、最近の、特に若者の、日本文化や、日本の歴史・言葉に対する知識の無さには呆《あき》れる。これでは、ご先祖が作り、育《はぐく》んできたものが、壊滅するのではないかとさえ思われる。そこで、今年から心を入れ替え、大学での講義などを通して、若者に、日本各地に伝わる文化や、歴史、日本語の特色について、くどいくらい話していこうと考えている。

さて、「新年明けましておめでとう」だが、めでたいのは、年が改まって「蘇《よみがえ》った（生き返った）」からである。日本は稲（米）中心の稲作文化。春に籾《もみ》を蒔《ま》き、八十八夜ごろに田植えをし、夏に育て、二百十日の嵐を心配し、秋の収穫（豊作）を迎え、冬十一月半ばの新嘗《にいなめ》祭《さい》で天皇がこれを食し、収穫を祝う。そして、翌年の春、また、籾を蒔く。春の始めはお正月。すなわち、お正月には米（稲）が蘇るのだ。と、同時に、我々も蘇るのである。「お屠《と》蘇《そ》」は「屠蘇散」のことだが、災い（邪気）を断ち切り（屠）、蘇る（蘇）意が込められている。いったい、お伊勢さんの御遷宮は、二十年に一度、伊勢の大神様が蘇られるので、正殿を始め、すべてを新しく作り替えるのだそうだ。蘇ったのだから、こんなめでたいことはない。そう言えば、注連《しめ》飾り・注連縄も藁《わら》が材料。年神（歳徳神）様に供える餅《もち》も酒も米。こう見てくると、稲（米）と正月のかかわりは、さらに濃くなる。

こんなめでたい正月なのだから、元日から三日間（元三《がんざん》とも）は晴れ（非日常）の日で、晴れ着を着て祝い、日常（褻《け》）の仕事はしない。女性も料理・掃除などの日常の仕事から解放される。そこでお節料理があるのだ。正月用の祝言食であると同時に、保存食。しかも、お節料理は家々で独特のものがあり、食文化の原点でもある。昨今、元日から営業する店舗があるが、これは正月本来の意味合いからすると、間違っている。

ところで、このごろ、餅は、都市部では、昔のように大量に搗《つ》かず、少量をスーパーなどで購入することが多いが、僕の子どものころまでは、大量に搗いた。したがって、正月七日間を過ぎても、まだまだ餅が沢山残る。餅はご存じのように、しばらくすると青かびが生えてくる。それを防ぐためにするのが、水餅。水甕《みずがめ》にいっぱい水を張っておき、その中へ、切り餅を入れて保存する。水を毎日取り替えれば、かなり長い間、かびから餅を守ることができる。しかし、餅が、どうしても水を吸うので、少々水っぽくなる。お雑煮にすると、すぐ形が崩れたり、焼き餅にすると、金網にくっついて、うまく焼けないことが起きるのは、止められない。水餅の称は、横井也有の「鶉衣《うずらごろも》」の用例が時代的に早いのを見ると、あるいは名古屋発の餅保存法かもしれない。（２０００年12月）

踊り初《ぞ》めは　お汁粉

子の初春の　光りのどかに　憂きも　辛きも　喜びも
合わせればこそ　西川の　また　新しく　手振りゆかしく
改めて　舞わん　心かな　舞わん　心かな
あらめでたきは　舞のひとさし　心かな

この唄は、川口松太郎作詞、三代目常磐津《ときわづ》文字《もじ》兵衛作曲、二代目西川鯉《こい》三郎振付になる、昭和三十五年庚子《かのえね》歳の西川流初唄。初唄は、十二支にしたがって、十二曲ある。

初唄の初演はいつも踊り初め。右の唄も、原作に手を加えて出来上がったもの。私の母、常磐津文字登和の手書き本（朱書きの三味線文字譜入り）に拠《よ》る。原作では、「光りのどかに」が「光りの中に」、「憂きも　辛きも」が「憂さも　辛さも」、「新しく」が「新しき」、「舞わん　心かな」の繰り返し無し、「あらめでたきは　舞のひとさし　心かな」が「あらむずかしき世の中に　あら目出度きは　舞の振袖」となっている。こんな短い詞章でも、これほど違っていることは、一曲が出来上がるまでには、かなりの紆《う》余曲折があったことは、想像に難くない。母の手書き本がなければ、本曲も、「西川／初唄　子の初春」と書かれた袋（頭、朱線入り）に入った二色刷りの一枚の詞章、すなわち原作の詞章しか分からなかったところだ。古典芸能の研究では、このような紆余曲折、変更があることを常に念頭に置かねばならない。

閑話休題、僕が二代目西川鯉三郎師に入門したのは、昭和二十七年四月。翌二十八年のお正月から、踊り初めに加わった。お正月の二日、紋付きに袴《はかま》（羽織は着ず）で、中区東本重町（現中区錦三丁目十四番）の家元の稽古《けいこ》場に十時にうかがった。何しろ、家元の踊り初めなので、名取りの幹部と、我々直門の子ども弟子ばかり。初唄の色紙も、前年末に、子ども弟子の我々は、鯉三郎家元夫人司津おしょさま（お師匠様、司津様は略して「しーさま」）から、頂戴頂戴といいただいてしまっていたが、実は、それなりのお礼が必要だったらしい。直門の子どもたちは全く屈託がない。

踊り初めの舞台には、老松を描いた八曲一隻の屏風《びょうぶ》の前、中央と左右の袖《そで》に、お鏡餅が供えてあり、上手から、「東部門人衆」

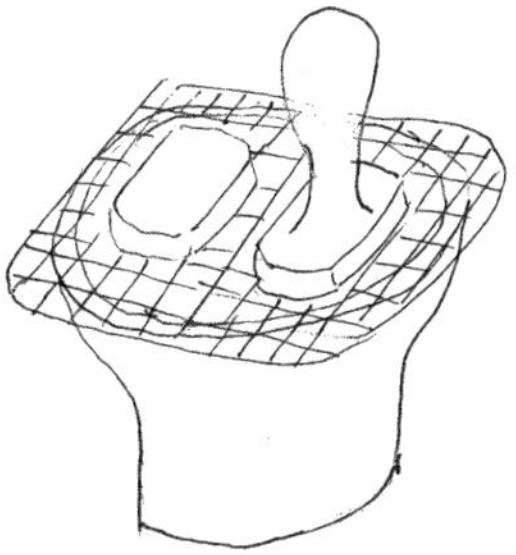

「中部門人衆」「西部門人衆」と墨書した下げ紙が、それぞれ付いていた。当時はハワイにも名古屋の西川流の支部があったが、「東部門人衆」に入るのだろうか。

踊り初めの記念写真を見ると、最前列中央に、必ず僕がいた。その他男性は、現家元の右近師（まあちゃま）、現西川鯉八郎師（へいちゃん）、角田武雄氏（つんちゃん）、現杵《きね》屋喜多六師（たかちゃま）、現西川鯉之丞《じょう》師（ゆうちゃん）、現華新社長土井信策氏（しんちゃん）である。ちなみに僕は文ちゃま。他は西川あやめ師、松原園枝さん（かつら松原、そのちゃん）、佐藤朋子さん（女優佐藤友美、ともちゃん）ら全員女性。

いつもは、忙しくてこどものお稽古《けいこ》はなかなかできない家元はじめ、大お師匠さん方が見守るうち、初唄や長唄『松の緑』『鶴亀《つるかめ》』など、おめでたい踊りで舞い納めた後、必ず出るのが「お汁粉」。家元近くの饅頭《まんじゅう》屋の汁粉。黒漆塗りの細椀《わん》に、小さめの四角い焼き餅が二つ入った、熱々のこしあんの汁粉。熱いのはまだしも、甘くて甘くて、舌の両脇《わき》がむずかゆくなる。それでも頑張って、全部平らげた。こういう時は、小さくても、焼き餅がありがたかった。わが家で作る粒あんのぜんざいは大好き。甘さ控えめで、通常の四角い焼き餅がドンと一つ入っていて、まことに味のバランスがいい。

過ぎたるは猶《なお》及ばざるが猶《ごと》し。汁粉、ぜんざいの分け方は名古屋流である。でも、信策氏

は、あの踊り初めの汁粉がとてもうまかったそうだ。（２００３年11月）

初ゑびすには鮒

「おーい、はたらきゑびす！」

「こっちはあきないゑびすだ！」

威勢のいい声が、熱田神宮の境内の南西角あたりのあっちこっちで飛び交う。押し合いへし合い、お札《さつ》を持った手が宙を舞っている。正月五日午前零時を期して一番札《ふだ》の奪い合いが始まる。正月の五日といえば、まだ厳寒の候だが、熱気むんむん。お札《ふだ》を求める人の白い息で、お札授与所のあたりは、霞《かす》んで見えるほどだ。もっとも、この渦の中に加わっていないと寒い。そこで、境内の真ん中で大きなどんどが焚《た》かれる。ここで餅《もち》や芋を焼く人も多い。

大阪の十日ゑびすに対し、名古屋（熱田）は五日ゑびす。父は位牌《はい》職人だったので、幼い時から、一緒に連れられてお札を受けに行った。熱田神宮南門（正門）を入った左手（西側）に初ゑびすの行われている上知我麻神社《かみちかまのかみのやしろ》がある。正門を入るともういっぱいの人ひと人。なかなか前に進めない。上知我麻神社の入り口付近には、神殿に奉納する「掛鮒《かけぶな》」を売る露天が続く。掛鮒とは、鮒を、頭と頭とを向かい合わせにして縄で結んだもの。これを本殿と両側の末社に供え、お札を受ける。このために、この夜の境内は、場所によっては結構生臭い。これがなぜ鮒なのか、ひょっとしてもとは鯛ではなかったか、などと考える余裕は、この時は全くない。しかし、ゑびすと言えば、鯛を釣っているのが、トレードマーク。多分、本来は鯛なのだろうが、鯛では値が張り過ぎて鮒になったのでは？

江戸時代に書かれた「尾張名所図会《おわりめいしょずえ》」には、すでに初ゑびすのにぎわいが描かれている。これによると、上知我麻神社の境内にある大黒天《だいこくてん》祠《のほこら》で正月五日に初市が開かれ、恵比寿・大黒の摺《す》られたお札とお福餅や掛鮒・苧《からむし》・葱《ねぎ》を売っていた。大黒に福を祈るもので、御福迎といった。恵比寿が主ではなく、大黒が主だったというのが面白いが、この上知我麻神社は別称を源太夫《げんだゆう》社あるいは智恵の文殊と言い、現在のように境内にあったのではなく、神宮の南、伝馬《てんま》町西詰市場町の独立した場所に座を占めていた。ちょうど、東海道が東から突き当たって、熱田社（右）と宮の渡し（左）へ別れる辻に位置して、地主神・道祖神として信仰を集めていた。祭神は尾張氏の祖で乎止与《おとよ》命《のみこと》。この神は尾張師介あるいは源太夫とも言い、日本《やまと》武尊《たけるのみこと》の妃、宮簀《ず》姫の父ともされていて、この地方の地主神だったのである。熱田はもともと海に面した地、この地の神は航海の安全や大漁を願う神様だった。今もこの神社の境内には、「海神祠」がある。源太夫もあるいは海からやってきたのかもしれないが、この辺りから、海からやってきたであろう夷神《えびす》と結びついて、ゑびす信仰が始まったのだろう。さらに、福神というイメージから大黒も祭られるようになったのではないか。ちなみに、この源太夫神にはもう一つの側面があって、同じく境内にある下知我麻神社《しもちかまのかみのやしろ》と対を成して、出雲国で八岐大蛇《やまたのおろち》の生け贄《にえ》にされるところを素戔嗚尊《すさのおのみこと》に助けられた稲田姫《いなだひめ》の父母、脚摩乳《あしなづち》・手摩乳《てなづち》がこの地に生まれ変わった姿とも伝えられている。また、源太夫は天の岩戸に隠れた天照大神を呼び戻すため、天鈿女尊《あめのうずめのみこと》が神楽を舞った時、太鼓を受け持った神でもある。

初ゑびすに行くときは、おでんや関東煮を食べて、しっかり暖めてから出かけた。神宮の南にある蔵福寺でも初ゑびすが行われ、こちらは甘酒が振るまわれていたのを覚えている。

（2001年11月）

ええなも　お正月

元旦早々まずは初詣《もうで》。午前零時を期して、熱田神宮に。子どものころに比べると、年を追うごとに人出が多くなり、ついには境内参道から露店も撤退した。

除夜の鐘を聞いて出かけるころにはわが家（旗屋町にあった）の前の伏見通（国道19号）は北から南へ、神宮へ向かう車の洪水。ここが大渋滞となるのは、お正月三が日と五日の初ゑびす、六月五日の熱田祭、十一月の七五三。渋滞は歩道も同じ。かつては、市電や名鉄・国鉄（当時）のある神宮の東側、東門の方が圧倒的に多かったが、地下鉄が開通してからは、西側（西門）の方も大変混雑するようになった。旗屋町交差点の地下鉄神宮西駅の②番出口辺りから、人込みに押されて西門へ急ぐ。初詣くらいゆっくりすればいいのに、この人込みを縫って、いかに早く初詣を済ませるかが、子どものころからの僕らの初詣。境内の混雑は一層激しい。それでも、振り袖姿もちらほら見受けられ、お行儀よく並んで少しずつ前へ。だが、僕たちは、参道の一番端、人と参道沿いの木々とのわずかな隙を縫って前進。途中から樹木の間を抜けて手水舎《ちょうず》へ。手を洗い、また参道の端を縫って、拝殿前の「止まれ」（参拝者整理の警官が並んでいる所）まで行く。ここからは、指示に従って拝殿の前に進んで、押し合いへし合いやっと参拝。わが家からここまでで約十五分。最近はちょっと疲れ気味で、この荒行？は中止。

参拝が済んだら、お札・破魔矢などを受けるが、お目当ては木彫りの干支《えと》守、インテリアの置物としても良。既に幾回りかしているが、まだまだ集めている。伊勢神宮にもあるが、神社によって、それぞれ彫りに特長があって面白い。

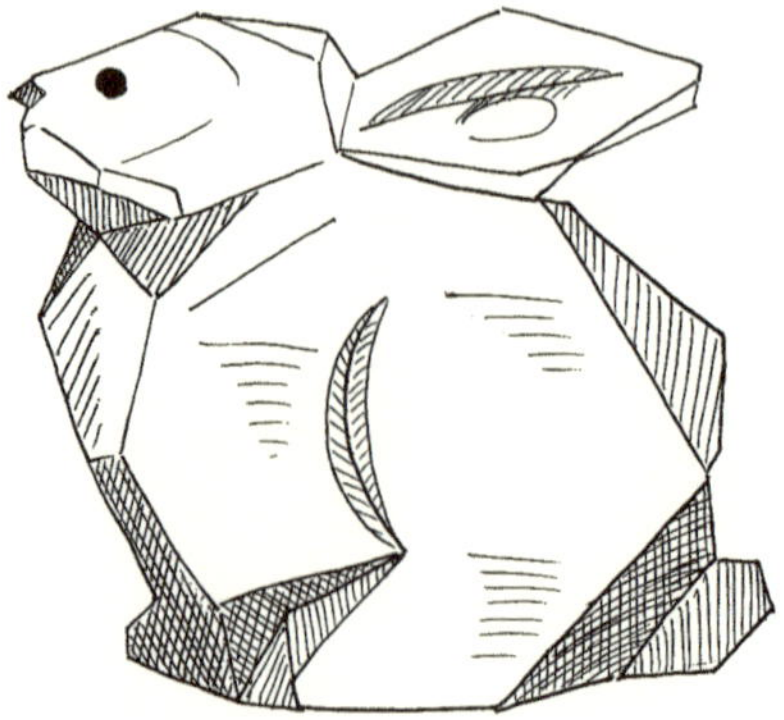

正月の遊びと言えば、当然のように、凧揚《たこ》げ、カルタ、羽根突き、福笑い。しかし最近はとんと見られなくなった。特に、凧揚げは町中は高層マンションなどで不可能に。子どものころ熱田神宮公園で扇子凧（これが一番安い）を揚げると、鷲峯山《だんぶざん》（断夫山）南端を掠《かす》めて熱田神宮辺りまで飛んでいく、糸が切れはしないかと心配もした。

凧揚げから帰ってくると、よく、母や伯母が、剥《へ》ぎ餅《もち》を焼いていた。砂糖入りの砂糖剥ぎと餅だけの剥ぎ餅。七センチ角の棒状にした餅を、厚さ二ミリくらいに剥いで干したもの。この剥ぐ時期が難しい。軟らか過ぎず、硬からずの時が剥ぐ時。二十八日ごろ餅を搗くので、大みそかあたりが剥ぎ時。所によっては、このような、いわば煎餅《せんべい》状ではなく、あられ状に剥ぐ。火鉢で、金網に乗せてゆっくり焼くのだが、砂糖剥ぎは、焼くと倍に広がる。それも急速に。ちょっと油断をすると、砂糖のせいで、焦げ焦げになってしまう。この広がるのが、子どものころ不思議でならなかった。砂糖が入っていないのは溜《たま》りの付け焼き。こちらは、溜りの香ばしさがたまらない。のりやあられの缶に入れて保存した。朝のお雑煮、一服時の剥ぎ餅、ほんとに、ええなも、お正月は。（２００２年11月）

今年しゃ酉年

虎《とら》と見て石に田作《たつく》りかき膾《なます》、矢立の酢牛蒡《ごぼう》煮こごり大根《でえこ》、一寸の鮒に昆布の魂、
たとわば祐経《すけつね》せち汁の、鯨の威勢を振るうとも、我鯱鉾《しゃちほこ》の飾り海老。

右は享保十四年己酉《つちのととり》（一七二九）正月初演とされる、歌舞伎十八番のうち『矢の根』の幕開きで、曾我五郎時致《ときむね》が最初に言う台詞《せりふ》。車鬢《びん》の頭に筋隈《くま》、右手に大きな矢をもっての台詞は、何やら物すごいことを言っているようだが、実はお節《せち》料理のメニューなのだ。

冒頭「虎と見て石に立つ」（「石に立つ」と「田作り」は掛詞《ことば》）は、中国の故事で、ある夜、弓の名手、熊渠子《ゆうきょし》なる男が、石を虎と見間違えて射たところ、見事に刺さったが、それが石だと分かって、もう一度射たら、今度は矢が砕けたと言う話（服部幸雄氏「歌舞伎オンステージ10『勧進帳』）。その後は、田作り、かき膾《なます》（「柿《かき》膾」で、甘柿を賽《さい》の目または細切りにしておろし酢で和《あ》えたもの、あるいは、大根や人参の膾に干し柿や甘柿を加えたものか、または「掻《かき》膾」で、目の粗いおろし具でおろした大根を入れて作った膾〈日本国語大辞典〉）、

酢ごぼう、煮凝《こご》り大根、鮒《ふな》の昆布巻き（あるいは、鮒の煮凝りとかいったものと、昆布巻き）と、正月のお節料理メニューが続く。次のせち汁は、正月十五日の節供（小正月）に食する鯨（または魚肉）入りの味噌《みそ》汁で、年の初めに、鯨の勢いをもらおうとして食するもの。この後、五郎の台詞は七福神の悪口へと続く。

ところで、このお節料理、もともとは、五節供をはじめ、節の日に供える料理であったが、江戸時代には、とくに正月（正月も節日）に食する料理をいうようになったらしい。その正月のお節料理だが、別の意味もある。大学で学生に、年賀状は書いたか、と聞くと、書いたと答えるので、では、何と書いたか、と聞くと、たいていは、「あけましておめでとう」だと答える。では、なぜめでたいのかと聞くと、正月だからなどと答える。正月はなぜめでたいのかと重ねて聞くと、そこで答えは途切れてしまう。そこで質問を変え、お屠蘇《とそ》は飲むかと聞くと、講義に出席している学生のうち約三割が飲むと答える。ここで、お屠蘇の文字について注目させ、屠蘇とは「鬼気を屠滅し人魂を蘇醒《せい》する」（「甲子夜話《かっしやわ》」に引く「四時纂要《しじさんよう》」の説）、すなわち、災いを断ち切って蘇《よみがえ》るの意で、正月は我々が蘇ったからめでたいのだと説く。一年ごとの蘇り（再生）は、稲作文化に基づいたもので、稲は一年で再生（蘇り）を繰り返す。人間も稲にあやかって蘇ると考えた。そこから「おめでとう」なる語が素直に出てくる。蘇ったのだから、お屠蘇で祝い、三が日は晴れの日として、褻《け》（日常）の事は一切行わず、したがって、料理も掃除もせず、晴れ着を着て過ごすのが当然であった。だから、年末には、大掃除だの、お節料理作りだのと目の回る忙しさ。

ところが近年は、元旦から営業する店とか、普段着で初詣《もうで》に行く人とか、とかく日本人でありながら、日本文化を根底から覆すような行為が目に余る。それに、何万円もするようなお節料理が、デパートなどで飛ぶように売れるご時世とあっては、何をか言わんや。お節料理は、各家々にそれぞれ独自のメニューがあり、家族総出で、夜遅くまでかかって作り上げるところに意味がある。それが食文化の原点でもあり、家族団らんという幸せを感じる原点でもある。わが家のお節料理のメニューは、芯が鯊《はぜ》の昆布巻き、酢ごぼう、黒豆、田作り、鯊の甘露煮。

題の「酉年《とり》」は、実は僕が酉年なので思いを新たにしたからだが、十一月にはいよいよ還暦ということになる。酉年生まれは、鶏がくちばしで餌をつつくように、ちょこちょことだが素早く食べるとか、ばたばたとうるさいとかいわれるが、今年こそ、酉にあやかって、災いをトリ去って、幸せをトリ込みたい。（２００４年12月）

花の撓《とう》

当然のことながら、熱田神宮には祭が多い。正月元旦の祭から始まって、五日の初ゑびす、七日の世様《よだめし》神事（合水試《ごうのみずだめし》の神事）、十一日の踏歌《とうか》の神事、十五日の歩射《ほしゃ》神事（おまとう）と続き、二月の初午《うま》、五月四日酔笑人《えようど》神事（會影堂《えようどう》神事、オホホ祭）、五（旧四）月八日の花の撓《とう》（大前豊年祭）、五月十三日の御衣祭《おんぞさい》、六月五日の尚武會《しょうぶかい》（例祭と天王祭）となる。熱田生まれ熱田育ちの僕にとって熱田神宮は親しい神様であり、神宮は魅力に溢《あふ》れた遊び場であった。だから、神宮の祭はいつも楽しみで、祭があるごとに神宮に行っていた。

花の撓（塔・頭・薹《とう》とも書く）は、僕たちは普通「五月八日（「ごがつようか」と読む）」と言ったが、東門から西門に至る参道の両側に、近郷近在の農家が露店を出して、野菜の苗・種を売っているのを、見たり買ったりするのが楽しみだった。南瓜《かぼちゃ》・胡瓜《きゅうり》・茄子《なす》・豌豆《えんどう》・芋・瓢箪《ひょうたん》・落花生・トマト・菜っぱ類・朝顔・酸漿《ほおずき》・いちはつ・矢車草などなど。僕は毎年瓢箪を買って庭に植え、夏、蔓《つる》が延びてくると棚を作って這《は》わせた。まさに夕顔棚。瓢箪は雌雄異花なので、夕方、花が咲くと雄花の花粉を雌花に付けてやり、瓢箪がたくさんできることを楽しみにしていた。しかし、瓢箪は、そのままでは育ちにくく、実は干瓢《かんぴょう》の台木に瓢箪を接ぎ木したものだったなどとは、僕は知らなかった。ある年、家内の実家（東海市で元々農家）に無理を言って、軒先に瓢箪を植えた。ぐんぐん延びて屋根まで広がったのはいいが、くくれた瓢箪ではなく、巨大な干瓢がボコボコできてしまい、びっくりしたことがある。土壌や空気が良すぎたせいか、瓢箪ではなく、台木の干瓢の方が育ってしまったのである。また、東門入り口は植木市で、多種多様な苗木が売られる。つつじ・さつき・紅葉・椿・ばらなどに人気があったように記憶している。これらと平行して、竹製品の箕《み》・籠《かご》・いかきの店もあった。これらは一般市民というよりも農家の必需品だ。

ところで「花の撓」は、江戸時代には、拝殿と勅使殿に、上段には朝廷の慶賀、下段に山海の風景の飾り物（人形州浜《すはま》）を作り、いずれもめでたき例《ためし》を表し、神官の酒宴の式があった。また、社家及び町々の戸口に卯《う》の花を挿した。現在は、西楽所に「おためし」と呼ばれる人形飾りの作り物（水田・陸田）を中心に、種々の人物を配し、桜・藤・松を飾られる。農家の人々などがやってきて、これを見、それぞれ独自にその年の天候や豊凶を占っている。僕にはこの飾り物の表現するところのもの（豊凶など）はさっぱり分からないが、占っている人たちの話を聞くのが楽しい。判断の絶対的基準はないらしく、各自に独自性があって、全く逆の判断をしていることも多いからだ。言い伝えによれば、日本武尊《やまとたけるのみこと》が東西の賊を平定後、人々に農事を教えた徳を示すため、神宮の大前に田所・畑所を作って飾り、さらにそれによってその年の豊凶を占わせたのがはじまりという。現在のように天候は人工衛星で判断し、豊凶は過去の膨大なデータを元に予想するより、古来から続いてきたこのような素朴な豊凶予想の方が、かえって当たっているかもしれない。

この時期は端午の節句と相まって、粽《ちまき》・柏餅《かしわもち》など、餅米系の和菓子が目を引く。粽も柏餅も植物の葉で餅（搗《つ》き餅・練り餅）を包んだお菓子。植物の葉で包むのは防腐効果があるからだが、植物の生気をいただき、邪気祓《はら》いをすべく食するのである。初夏の時期には害虫や病気が急に活動を始める。邪気を祓ってこれを撃退して、豊作と長寿を願う。初夏の祭り、そしてその時のお菓子にはそうした意味が込められていることが多い。（２００2年3月）

おでんには味噌をつけて

尾張に春を告げる国府宮（愛知県稲沢市）の裸祭が、今年も二月二十四日（旧暦一月十三日）、勇壮に行われる。神男に触れて厄を落とそうと、揉《も》み合う男たち。この寒空にもかかわらず、水をかけてもかけても、すぐ湯気に変わる激しさは、並大抵のものではない。

国府宮と言えば子どものころから親に連れられて、国府宮神社や矢合《やわせ》の観音さまによく参拝した。ちなみに矢合の観音さまは、境内の井戸から湧き出るお水が万病に効くとあって、よくいただいたものだ。一方、尾張国府宮神社（尾張大国霊《おおくにたま》神社）は名鉄国府宮駅のすぐ東にある。普段はもの静かなたたずまいをみせる神社だが、裸祭の日は大変なにぎわい。裸祭は、昼間の、激しい裸男のぶつかりあい（昼儺追《なおい》神事）だけだと、子どものころ思っていた。しかし、この祭には、昼神事の後、深夜午前三時に始まる、この祭中もっとも重要な、夜儺《よな》追《おい》神事なるものがあることを知ったのは、二十年くらい前のことだ。早速、その夜儺追神事に出かけ、昼とは全く異なった闇《やみ》の中での不思議な神事に目を見張った。

二月といえば極寒、雪のちらつく、夜中の午前一時ごろ、国府宮神社へ着く。まだ昼間の祭りの激しさの跡を十分感じさせる雰囲気があった。神事は境内の東南端にある神殿(庁舎、祭りの仮屋）で行われる。屋根と柱、それに柱と柱をつなぐ横木のみの簡素な作りの南向きの神殿は、長さ約十メートル、幅五メートル。正面に祭壇、左手にご神体の入った祠《ほこら》。正面と祭壇の前の両側が出入り口となっている。夜儺追神事のことは、室町時代中ごろに書かれた万里集九《ばんりしゅうく》の『梅花無尽蔵《ばいかむじんぞう》』という書物にすでに記されているので、昼の裸祭よりも歴史は古いのかもしれない。

午前三時、いよいよ夜儺追神事が始まる。辺りは闇、提灯《ちょうちん》や灯明の明かりだけを頼りに神事が進められる。宮司を先頭に神官が続き、楽人が入り終わると、いよいよ始まり。クライマックスは、人形と土餅《もち》を背負った神男が、神殿の周囲を三回回った後、そのまま外へ駆け出して行く。その時、参拝者が礫《つぶて》を神男に向かって投げつけるところだ。この礫は長さ三センチ、直径五ミリほどの柳と桃の木切れを和紙に包んで捻《ひね》ったもの。柳は強い生命力があり、また神の宿る木ともされているし、桃は魔除《よ》けの木ともされる。このお捻りを投げる事により、自分の厄を神男に移し、厄除けとするのである。昼儺追で裸の厄男から移された厄も併せ持った神男が去った後、落ちた礫は手で拾うと厄がその体についてしまうので、神官らが長い竹箸《はし》で拾い、社の東南端で燃され、その灰は紙に包んで箱に入れ、神殿に収められて、次の年の土餅の芯に。但し、この礫を燃す火を見てはいけないそうだ。

さてこんな寒い冬（暦の上では春）の夜には「おでん」が似合う。名古屋のおでんは味噌《みそ》おでん。赤味噌を使った名古屋独特の味噌おでんは、正しい形では近年ほとんど見られなくなってしまった。一般のおでん屋で売っているのは、名古屋ではおでんとは言わない、関東煮なのだ。最近は赤味噌仕立てのおでん風関東煮もあるようだ。名古屋のおでんは、水を入れた土なべを七輪にかけて、出し汁をはり、そこへ、蒟蒻《こんにゃく》・大根・ゆで卵などをぐるりと並べ、真ん中に味噌壺《つぼ》を入れ

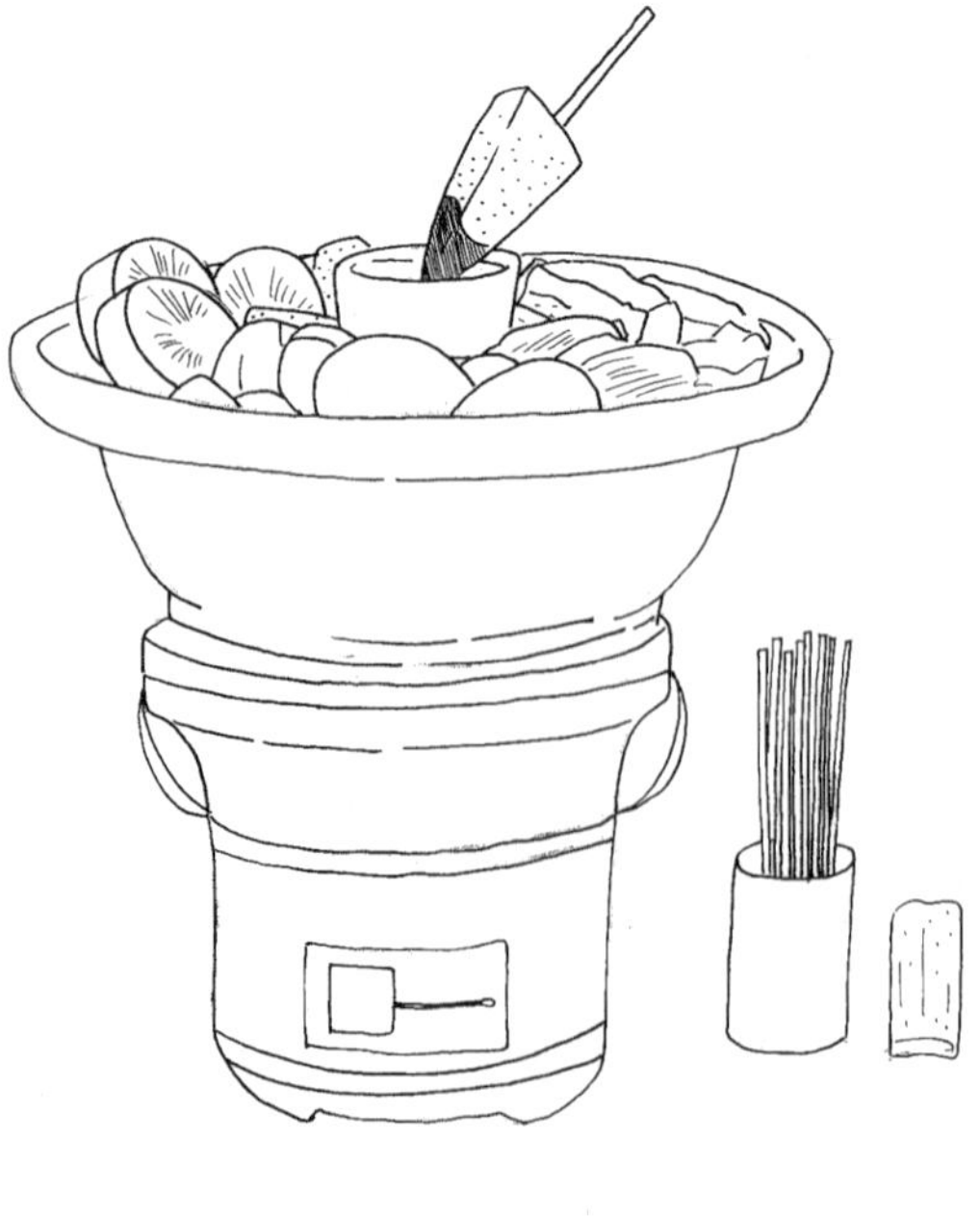

て、いっしょに温める。ゆだった蒟蒻や大根を串《くし》で刺して、まず布巾で水気を切った後、味噌壺の味噌をつけて食べるのである。付け味噌は、赤味噌を適当な軟らかさにのばし、砂糖などで味を調えたものだが、もちろん、豆一〇〇パーセントの岡崎八丁味噌。

震えながら夜儺追神事を見た後の、屋台のおでんは、生き返った心地がする。（２００２年３月）

おしもん

草の戸も住み代わる世ぞ雛の家　芭蕉

これは芭蕉が「奥の細道」の旅へと芭蕉庵《あん》を後にするとき詠んだ句。今までは鄙《ひな》びた庵《いおり》だったが、今度新しく住む人は、娘がいて雛人《ひな》形を飾ったりして華やかな家になるだろうと。歌舞伎「妹背山婦女庭訓《いもせやまおんなていきん》」山の場。吉野川を真ん中に、上手《かみて》に大判事清澄《だいはんじきよすみ》・久我之助《くがのすけ》父子が、下手《しもて》に太宰後室定高《だざいのこうしつさだか》・雛鳥《ひなどり》母子が住み、久我之助と雛鳥は恋仲、雛鳥の部屋には五段の雛人形が飾られて華やいだ雰囲気に包まれていた。しかし、若い二人は蘇我入鹿の無法な要求によって自害することになる。自害した雛鳥の首は雛道具に乗せられて対岸の久我之助の元に。流し雛の趣向である。華やかな何段かの雛飾りは江戸時代に入ってからのこと。雛人形はもとは流し雛で、災いを流し去るのが真意。ここでは両家に降りかかった災いを、流し雛のように、若い二人が命をもって払う。ここに雛本来の意味と華やかに変身した雛遊びが、芝居の中に昇華されているのを見て取ることができる。江戸時代の豪華雛の極みは、徳川美術館所蔵の千代姫の雛飾りだ。目も眩《くら》むばかりの宝物。尾張徳川家には、この他歴代の御簾中《ごれんじゅう》の輿《こし》入れ道具の雛飾りが千点以上もある。毎年春には展示され、楽しませてくれる。

さて、そのお雛様につきもののごちそうの一つに「おしもん」がある。家内の実家《さと》では、「おこしもの」、わが家では「おしもの」とも言った。名古屋地域だけのお供え物だ。米の粉を練って木型に入れて、型押しして取り出し、蒸して仕上げる。木型は、桜や梅、菊、桃などの花、鯛《たい》や鴛鴦《おしどり》、蝶々などの動物、その他奴《やっこ》さんや熨斗《のし》、宝船、巾着《きんちゃく》袋（福袋）、福助などなど。家々で木型が異なり、また、米粉に色粉を練り込んで作る家、後から色を付ける家、あるいは色も、色粉を使う家もあれば、天然のくちなし（黄色）や抹茶（緑）、墨（黒）などを使う家もある。いかにもお手製の感が強い。

「おしもの」の名の由来は、米粉を木型に押し入れて形を作るからであろう。「おこしもの」は、木型から起こして取り出すからであろう。これをお下がりとして食べるのである。この時が一番楽しい。お雛様当日か翌日ならば、まだ柔らかいので、お砂糖を付けても食べられるが、普通は、餅《もち》のように焼いて溜《たま》りを付けて食べる。溜りの焼ける匂いが一段と食欲をそそる。

お雛様に菱《ひし》餅は一般的だが、名古屋では加えて「おしもん」。山海の物の形代《かたしろ》を雛にお供えする心であろう。家々で違った「おしもん」。お雛様の時しか食べられなかった。このように、日を決めて、その時に限って食べる、名古屋独特のものがまだまだ多くある。これらはぜひとも大切に継承したい。（2000年2月）

黄色いおこわ

甍《いらか》の波と雲の波　重なる波の中空を
橘《たちばな》薫る朝風に　高く泳ぐや鯉《こい》のぼり
尋常小学唱歌（五）大正二年五月

ヤネヨリ　タカイ　コイノボリ
オオキイ　マゴイハ　オトウサン
チイサイ　ヒゴイハ　コドモタチ
オモシロソウニ　オヨイデル
エホンシャウカ（ハルノマキ）昭和六年十二月

柱のきずはおととしの

五月五日の背くらべ
粽《ちまき》たべたべ兄さんが
計ってくれた背のたけ
きのうくらべりゃなんのこと
やっと羽織の紐《ひも》のたけ

赤い鳥　大正八年

右の唱歌は「鯉のぼり」「コイノボリ」「背くらべ」。子どものころ、朝、雨戸を開けると、ひんやりとした五月の空気が、ほほに気持ちよかった。窓の向こうには小さいながら麦畑が鮮やかな緑に輝いていた。急いで鯉幟《のぼり》を揚げる。高い竿《さお》の先にはガラガラ（風車）が威勢良く音を立てて回り、吹き流し、真鯉、緋《ひ》鯉が元気に泳ぐ。僕の生まれ育った旗屋町はもともと熱田社へ献上する幟や機《はた》を作っていたので、子どものころまでは、近所の幟屋では春になると鯉幟や五月幟が所狭しと並んでいた。

五月の節句は端午の節句。かつては軒端に菖蒲《しょうぶ》を引き、菖蒲湯に入るなど、無病息災・魔よけを願っての行事だったが、同時に男の子の成長をも祝った。鯉幟は屋根より高く、大空を泳いでいる、その堂々たる泳ぎっぷりが男の子の将来を祝うかのように見られていたのだろう。もちろん、古くから鯉の瀧昇《たき》りを出世に喩《たと》えていたから、鯉幟はそれに見立てられていたのかもしれない。そう言えば、ガラガラの音も魔よけなので、大きな音がしないと験が悪いとか。ちなみに、鯉幟の習慣は、江戸時代中ごろからのものである。

この日に食べるのが、ちまきと柏餅《もち》、黄色いおこわ（強飯）。名古屋では、特にこの黄色いおこわが大切。わが家では一族郎党、親戚の伯父・伯母まで、皆食べることになっていた。おこわ自体は餅米と粳《うるち》米でできているが、梔子《くちなし》の実で黄色く強飯を染め上げる。これに黒豆を散らし、食べるときにごま塩を少しかける。色を付けない白いおこわと、紅白ならぬ黄白のおこわである。何でも、梔子に魔よけの霊力があるので、黄色にしたということだ。同時に、柏、粽笹（クマイザサ）、菖蒲の生命力にあやかり、菖蒲の葉の形を鋭い剣に見立てて魔よけとした。子どものころ菖蒲湯から出るときに、菖蒲で鉢巻きをしてもらったが、菖蒲の根の、妙に甘酸っぱい香りを今も覚えている。

五月は五月晴れがいい。秋の空は天に抜けるような青さだというが、僕は五月晴れの方が好き。五月雨、五月闇《やみ》、果ては五月蠅《うるさ》いなどとも言われるが、これらも五月晴れを願っての言葉であろう。（２０００年３月）

尚武会《しょうぶかい》（熱田祭）と寿司

熱田生まれ、熱田育ちの僕にとって、一年の内の最大のイベントは、尚武会（熱田祭）。毎年六月五日、朝五時を期して、ドッカーンと一発、この花火で、地元の人は皆目が覚める。いよいよ待ちに待った祭の始まり。小学校は二時間目までで授業は打ち切り。家へ飛んで帰って、早速、獅子《しし》頭を被《かぶ》って町内一周から熱田さん（地元では親しみを込めて熱田神宮を熱田さんと呼ぶ）へと出かける。上級生が頭を被り、下級生や園児が獅子の胴衣《どうぎぬ》につかまって、「ワッショイ　チロリン」。最近よその祭で「セイヤ」などというかけ声を聞くが僕は嫌いだ。祭にはやはりワッショイが似合う。チロリンとは、胴衣の端に鈴が等間隔で付いており、ワッショイに続いて胴衣につかまった子どもがチロリンと応えるのだ。

尚武会（ショーブカヤー）とは、読んで字のごとく、武を尚《たっと》ぶ会（会《かい》はもともと会《え》と言っていたと思われる）。熱田神宮には「草薙剣《くさなぎのつるぎ》（天叢雲剣《あめのむらくものつるぎ》）」が祭ってあるので、日本国を守る神としての性格を持っており、そのため武の気風を鼓舞する祭が始められた。同時に摂社南新宮社の天王祭（疫病退散）も兼ねて行われたので、これら二つの祭が一つになったのが熱田祭。尚武にちなんで熱田さん境内や僕の出身校名古屋市立白鳥《しろとり》小学校の校庭では、相撲・柔道・弓道・剣道・長刀《なぎなた》・空手などの奉納試合が行われるが、祭の華は何と言っても花火と巻藁《わら》船。三百六十五個の提灯《ちょうちん》を、お椀《わん》を伏せた形に並べ、その真ん中に十二個の提灯をつけた柱を立て、これで一年十二カ月を表すのだ。花火は仕掛けに続く早打ち（今はスターマインなどという）が楽しみだった。

　さて、この祭に欠かせないのが、あぶらげ寿司《ずし》と巻き寿司。寿司屋で食べるあぶらげ寿司は、上品に酢飯をあぶらげで包むように作ってあるが、僕の家では油揚げ（これを名古屋ではあぶらげと言う）の長方形の長い方の端を切り取って、長方形の袋を作り（対角線状に斜めに切るのではない）、酢飯をいっぱいに詰め込むので、酢飯を入れた側はあぶらげで包むことなどは不可能。いわば、でぶでぶのあぶらげ寿司。巻き寿司は、これも僕は太巻きなどとは思ってもいなかったが、一般に巻き寿司は鉄火巻きやかっぱ巻きなどの細巻きをさすのだそうだ。それに従えば、名古屋の巻き寿司は太巻きとなる。芯《しん》には卵焼き・しいたけ・蒲鉾《かまぼこ》・田麩《でんぶ》それにメジロ。「メジロ」をよそでは「あなご」と言うらしいが、名古屋ではあくまでメジロ。名古屋の寿司屋までも、大半がメジロをあなごとしているのは嘆かわしい。名前（呼びかた）には、先祖からの地域の特色が込められているので大事にしたいものだ。あぶらげの煮方や、巻き寿司の芯に各家々の味がある。僕はメジロが嫌い。だから、巻き寿司を食べるときはまずメジロの入っているあたりから食べはじめ、その味と匂《にお》いを他の部分を食べることによって、なくすことにしていた。このあぶらげ寿司と巻き寿司の一そろいを「助六」と呼んだのは名古屋が最初だった（162ページ参照）。（2000年4月）

■ ■ また、尚武会 ■ ■

　子どもの時からなじんだ祭は、やはり懐かしい。僕は十二年前現在の千種のマンションに移ったのだが、毎年六月五日が来ると、今でも朝から落ち着かない。夕方になると、どうしても足が熱田神宮に向かってしまう。熱田のわが家は、既に駐車場になっているので、隣のお寺や知り合いの家に上がり込むことになる。地元と言うのはありがたいもので、どこでも快く迎えてもらえる。

　熱田祭が好天に恵まれるのは少ない。梅雨入り間近だからだ。さわやかで涼しい祭日は、五十年の僕の記憶の中でも数少ない。熱田祭は御神体草薙の剣と摂社南新宮社の祭だが、祭の華は花火と巻藁《わら》船。二つとも天気に大きく左右される。かつては、六月二十一日にやっていたが、あまりに天気の悪い日が多いので、五日に替えたということだったが、「尾張年中行事絵抄」「尾張名所図会」によれば、もとは旧暦の六月五日、梅雨明け後の夏祭だった。

　まずは花火。昼間は音と光、とされているが、熱田祭は違う。落下傘花火があった。熱田

神宮公園内熱田球場の南側から花火が打ち上げられる。パッと光ってドーンッと音が鳴り響き、煙の中から落下傘が落ちてくると、それを目掛けて一目散。風の方向、強さを子どもなりに計算しながら、ただひたすら走る。よく考えてみれば、上ばかり見て走るので、危険この上ない。やっと落下地点に到着すると、たくさんの子どもたちが集まってきており、当然取り合い。素早く取ればよいが、そうは問屋が卸《おろ》さず、争奪戦となり、お目当ての落下傘はビリビリに。大きな和紙製で、端には緑やピンクの色がつけられており、見栄えのするものだった。無傷で取った時の喜びはたいへんなものだった。

夜はもちろん、きれいな色の出る花火。夜七時から九時まで間断なく続いた。仕掛け花火と、早打ちが見物だった。仕掛け花火は、巻藁船が出る神戸の浜（今七里の渡しの常夜灯と波止場のあるあたり）と、大瀬子橋の間の対岸（千年《ちとせ》の方の側）に仕掛けられ、スポンサーが名鉄の場合、電車を型取った花火の付いた板を、花火師が手で持って移動させるなど、素朴で愉快《ゆかい》なものだった。ほかに、巻藁船の回りには金魚花火が打ち込まれた。かなりの時間水面上で光りながら動き回り、最後はパーンッと爆発して消える。水面が明るくなって、川面に映える巻藁船の提灯《ちょうちん》と相俟《ま》ってなかなかきれいだった。

ところが雨が降ると、花火は所々煙に隠されてお化けのようになり、巻藁船の提灯は破れてボトボトと水面に落ち、せっかくの祭の華も台無しに。雨期が心配という所以《ゆえん》だ。

子どもの楽しみは町内のお獅子。この辺りはお神輿《みこし》は全くない。だいたい名古屋で祭に神輿は希有《け》だ。上級生が獅子頭を被《かぶ》り、下級生や園児が、獅子頭に繋がる胴幕の端をもって、「ワッショイ　チーロリン」と町内を練る。「セイヤ」なんてことは絶対言わない。熱田さんまで出かけて、境内でよその町内の獅子とけんか、獅子の耳や鼻を折ったり欠かしたりして、よく叱《しか》られた。お獅子の楽しみは、獅子の宿に用意されたミカン水（当時五円、ちなみにラムネは十円）と駄菓子。一回りしては飲み食いし、また一回り。ミカン水といいながらミカンの果汁が入っていたとはとても思えない。色つき人口甘味清涼飲料水といったところ。それでもうまいと感じて、小さなコルクの栓を引き抜いて飲んだものだ。（2002年4月）

かみなり干し

ささの葉サ～ラサラ　軒端に揺れる
お星様キ～ラキラ　金銀砂子
五色のた～んざく　私が書いた
お星様キ～ラキラ　空から見てる

いくつになってもお節句（節供）は楽しいもの。七夕（正しくは「しちせき」と読む）には、子どものころ、五色の短冊に筆と墨で願い事を書き、紙縒《こより》でササ竹（真竹）に結わえ、色紙で作ったさまざまな飾り物も紙縒でササに結んだ。

昭和二十年代は、名古屋の夜は今よりずっと暗く、目立つ明かりといえば、中日会館屋上の探照灯くらいだったので、夜空には星が沢山見え、自然と星座にも関心を持つようになり、野尻抱影『星座の話』を読みながら、星座にまつわる神話に思いを馳せた。七夕様は、一年に一度牽《けん》牛（彦星）と織女（織り姫星）が逢《あ》う日。中国では、鵲《かささぎ》が天漢《あまのかわ》に架けた橋を渡って、織女が牽牛に逢いに来るのだったが、日本では、逆に牽牛が織女に逢いに行くことになっている。これは古代の通い婚に拠るのだろう。これに、学問・芸能・技工の上達を願う乞巧《きっこう》奠《てん》の行事が加わって現在の七夕祭となった。

この七夕様に供えるのが、瓜《うり》や西瓜《すいか》。わが家では瓜は真桑瓜《まくわうり》。そのお下がりの真桑瓜をかみなり干しにして食べた。瓜を幅五ミリ程度に螺《ら》旋状に先から先まで切る。この時、気を付けないと、途中で切れてしまうので、わが家では、瓜の頭と尻尾をまず切り落として、真ん中に菜箸《ばし》を通し、間違っても包丁がその菜箸で止まるようにして、切っていくのである。こうして、螺旋状に切った瓜の一方の端をもって伸ばすと、長さが、優に一メートル半にはなる。これを、物干しざおに掛けて一日干す。夏の乾いた暑い日に、一日干せばかなり水気が落ちて、堅くなる。これを適当に切って、溜《たま》りを付け、削り鰹《かつお》を掛けて食べる。非常に簡単な、単純な料理（と言えるかどうか）ではあるが、暑い夏のおかずとしてはまことに最適。ご飯が進むというものである。さらに、梅干しを加えればそれらだけでご飯が二杯三杯と。これを、かみなり干しとは、親からその由来を聞いていないが、形が空を走る稲妻に似ているからであろう。あるいは、食べるときにカリカリと歯切れの良い音がするので、それを雷のゴロゴロを連想したり、雷の起きやすい季節に作る、夕立が起こるような暑い日に上出来のかみなり干しができるといった心も含んでいるかもしれない。

真桑瓜と言えば、岐阜県の真正町真桑（現本巣市）で作られるのが最上とされるので、この名があるが、この瓜は、粕《かす》漬けか味噌《みそ》漬けにするのが一般的で、干してそのまま食べるのは、僕が知っている限りでは、名古屋、それも熱田辺りだけのようで、たいへん狭い地域にのみ伝わる食文化だが、七夕の風習と共にぜひ残しておきたい、懐かしい味だ。（２０００年５月）

おしょろいさま

今年もお盆がやって来る。名古屋は旧盆八月十三・十四・十五日。正しくは盂蘭《うら》盆会。親や先祖の精霊《しょうりょう》が年に一度わが家へ帰ってくる日。精霊を「おしょろいさま」と呼ぶ。今回はわが家の盆の行事のお話。真っ先に墓掃除。いつも十二日早朝、新家《しんや》（分家）の従兄弟《いとこ》たちと一緒に。磨き砂で墓石を磨いて、一年間の汚れを落とすと見違えるようにきれいになる。墓前の花筒はもちろん竹筒。花筒に入れる花は、酸漿《ほおずき》と禊萩《みそはぎ》が必要不可欠。酸漿は「鬼燈」とも書き、墓前だけでなく、仏壇にも供えた。精霊の依代《よりしろ》である。禊萩は「精霊花《しょうりょうばな》」とも。次は仏壇の掃除。わが家の仏壇は漆の塗ってない白木の仏壇。昭和二十年の空襲で焼けたあと、位牌《いはい》屋（木地師）であった父が仕事仲間に応急的に作ってもらったのがこれ。紺屋の白袴《はかま》ではないが、今となってはかえって珍しい。掃除の後、仏壇の下部にある板（精霊棚）を引き出して、真菰《こも》を敷き、蓮《はす》の葉を乗せて、その上に角切《すみき》りの十四・五センチ四方の薄板製のお膳《ぜん》を五枚置く。箸《はし》は麻の芯。盆提灯は天井から吊《つ》るすものと、畳（床）に置くものとがあるが、いずれも木製の方が趣がある。これを組み立てて準備は完了。十三日の夕方、迎え火を焚《た》いて御先祖をお迎えする。

さて、盆中のおしょろいさまに供える精進料理も家々によって、その家伝来のメニューがある。そこでわが家の三箇日のメニューを。まず十三日夜は迎え火を焚いてお迎えするだけなので、お団子とかりもり瓜《うり》（真桑瓜）のみ。十四日の朝は、千石豆、だつ芋（里芋）、椎《しい》茸《たけ》、なすなどの野菜の入った煮物。千石豆は必ず入れたが、これを食べると、口の中がチカチカして、あまり好きにはなれなかった。昼はだつ（里芋の茎、ずいきとも言う）をゆでて、酢でもみ、砂糖を加えて甘酢っぽく煎るように煮たもの。これを「だつ」の酢煎りという。だつは、少々固めに。ちょっと油断すると、たらたらになってしまう。夜は冬瓜《とうがん》の葛煮。溜《たま》り味の冬瓜の葛煮は僕の大好物。仏様には精進だから掛けては供えないが、これに削り鰹《かつお》節とおろししょうがをかけて食べるのが最高。子どものころから、ようけ（沢山）食べた。つい鍋一杯くらい食べてしまう。十五日は早朝に御先祖様が京都まで土産を買いに行かれるので、まず、乗り物の馬をなすで作る。馬はへたの方の頭と、下の方の頭と、二通りあるが、わが家は下の太い方を頭にする。この頭にそうめんの手綱を掛ける。馬の脚は精霊膳に使った麻の芯の箸。脚を長くするといかにも速く走りそうで面白い。この朝の献立は焼麩《ふ》とぬき菜の吸い物。昼はそうめん。京都見物をして土産を買ってきたご先祖様と一緒に、そうめんを食べる。この日は三時に西瓜を供える。そうめんも西瓜も、夏の暑い日にはもってこいだ。夜は、枝豆と笹掻《ささが》きごぼうの赤味噌《みそ》のおつけ（お味噌汁）。この後、再び団子とかりもりを供えてしめくくる。

精霊棚に飾ってあったお供えをお膳や箸まで、みんな敷物の真菰で包んで、送り火を焚き、線香を立てて、精霊を送り出す。供物を精霊送りをしてくれる寺に持って行って、供養をしてもらって、親やご先祖を浄土へ送ると、ようやくその年のお盆の行事も終わる。（2000年6月）

お月見

名古屋の夏は湿気が多くて暑さも一入《ひとしお》。これが一番嫌だという人もいるが、名古屋生まれ、名古屋育ちの僕にとっては、それも良しだ。この暑さもお盆を過ぎるころになると涼しさを感じるようになる。蝉《せみ》もツクツクボーシが主流に。七月の暑い盛りには、シャーシャーシャーシャーという勇ましい鳴き声のグーマ（クマゼミ）、ギンギンギンギンと暑さを倍増する鳴き声のアーブラ（アブラゼミ）、小型だがチーチーチーチーと涼しい鳴き声のチーチー（ニイニイゼミ）が元気良く鳴いていたのだが。ツクツクボーシが鳴き始めると、夏休みも残り少ないことが犇々《ひしひし》と身に感じられ、宿題が気になりだしたものだ。そして九月、学校も始まり、子どもは学校へ。九月の声を聞くと、空気が澄んでくるのか、空の青さが目立つ。まさに天高く人（馬よりも）肥ゆる？だが、その澄んだ空に輝くのが八月十五夜の名月。九月に八月とはこれいかに！などと禅問答めいたことを言うまでもなく、こういった月にまつわる行事や節句などは旧暦、つまり太陰暦によっている。だいたい日本は江戸時代までは太陰太陽暦

（太陰暦）だったのが、明治五年になって突然太陽暦に変えられてしまい、季節感に違和感が生じてしまった。

八月十五夜、中秋の名月（太陰暦では七月・八月・九月が秋で、八月はその真ん中、つまり中秋）には、萩《はぎ》、薄《すすき》を生け、お月見団子、里芋（子芋の方）をお月様にお供えする。名古屋の月見団子に注目。子どものころ、「サザエさん」で、カツオがお月見団子を盗《と》ろうと、一番上のお団子をつかみ上げると、何と、団子すべてが糸でつないであり、お供えの団子全部くっついてきてしまったというのがあったが、この漫画で僕が持った疑問は、このお月見団子が球形だったことだ。

名古屋のお月見団子は里芋（子芋）形で球形ではない。この里芋形（端午の節句に食べる粽《ちまき》を短くしたような形）のお月見団子は、名古屋独特の物だったのだ。白と黒があり、黒は黒砂糖で味付けたもの。これも粽とよく似ている。なぜ、名古屋だけが里芋型になったのかは不明だが、八月十五夜の月は芋名月とも言い、里芋の新芋も供えたので、形を同じにしたのではないだろうか。あるいは、芋を供えるのを省略するために、里芋形にしたのだろうか。

これに対して、九月十三夜は豆名月、あるいは、栗《くり》名月という。この月は、後《のち》の月とも言い、十五夜の次に美しい月で、枝豆や栗をお月様に供えたから。いずれにしても、団子の他、里芋、枝豆、栗と秋の旬《しゅん》の味覚を、御初穂《おはつお》として、まず、お月様に供える日本人の心は、何よりも自然を大切にしていること、月を敬っていることがうかがわれる。

日本では古来、月に対する関心がとても深かった。星よりも。十五夜の他、十六夜《いざよい》の月（十五夜の月よりいざよって〈ためらって〉、遅れて出るから）、立待《たちまち》の月（十七夜の月）、居《い》待《まち》の月（十八夜の月）、寝待《ねまち》の月（十九夜の月）の名称にもそれがよく出ている。（２０００年７月）

秋は「とごり」

村の鎮守の神様の
今日はめでたいお祭り日
どんどんひゃららどんどんひゃらら　どんどんひゃららどんひゃらら
朝から聞こえる笛太鼓

言わずと知れた『村祭』の一節。今年の猛暑もやっと鎮まって、秋祭の季節が来た。祭に付きものは、お囃子《はやし》と寿司《すし》。お囃子の中心は笛と太鼓。これは神様との、いわば交信手段だ。だから、相撲でも櫓《やぐら》太鼓があって、ここに興行の神様が降りてこられ、相撲が大入りとなる。歌舞伎も江戸時代後期までは櫓太鼓があった。金比羅《こんぴら》さんの金丸座には今でもあるが。熱田神宮には酔笑人《えようど》神事なるものがある。別名「おほほ祭」とも言い、毎年五月四日の夜行われる。この神事には祝詞も神饌もないが、神官の怪しげな、失礼、厳かなピ〜ッという笛の音をきっかけに、祢宜《ねぎ》があはは、おほほと笑うのである。これは熱田神宮の神剣が盗難に遭ったが、無事戻ったのを喜んでの神事と伝える。やはり笛は大事なのだ。日本には八百万の神が鎮座坐《ま》しまして、新年は、一年の無事安泰と繁盛を願い、春は豊作を祈願し、夏は疫病退散を祈り、秋は豊作を感謝する。

このごろ祭と称するイベント、フェスティバルがやたら多い。それはそれなりに、意義有ることではあるが、祭は、神様を祭るの「祭る」の連用形が名詞化しているもので、祭の中心には、やはり神様が必要だ。町内にも村内にも氏神様が祭ってあり、神様に祈ることで、地域が、みんなが一体となり、祭も盛り上がる。神様のいない祭なんぞ、わさびの効かない寿司のようで……。

僕のかつての町内、熱田区旗屋町の氏神様は金比羅様。四国の金比羅さんの大祭日に合わせて、旗屋町の金比羅様の例大祭も十月十日。熱田神宮と国道19号を挟《はさ》んで西側にあるので、熱田祭のかげに隠れ、笛太鼓のお囃子もない何とも質素ではあるが、山椒《しょう》は小粒でピリリと辛いように、ちゃんとしていた。大祭当日は、朝の境内の掃除に始まり、十時ごろ神主さんの祝詞、なぜか記念写真、直会《なおらい》と続き、後片付けとなる。町内外の人からのお供えは、お下がりとして、町内会の役員、氏子総代、お供えをいただいた人に配る。その配り役をずっと務めたのが僕だった。一軒一軒お礼を言って配った。もちろん、祭に付き物のあぶらげ（油揚げ）寿司、巻き寿司は、山ほど作られ、従兄弟《いとこ》（男ばかり）も集まり、一人っ子の僕にとっては、この賑やかさがたまらない。町内では、熱田祭同様お獅子も出た。

このころ、出始めるのが「とごり」。わが家には、昭和二十年代は、氷の冷蔵庫（電気冷蔵庫ではない）もなかったが、秋になって冷気を感じるようになると、煮物をそのままにしておいても、自然と冷える。毎朝、魚屋のおばあさんが、乳母車に鮮魚をいっぱいのせて、「今日はええかゃぁーも」とやってくるのだが、よく、鰈《かれい》を買っていた。子どものころ、鮃《ひらめ》はなぜかほとんど食べたことはなかったが、これは高級魚だったせいか、単に魚屋が持って来なかったせいか分からない。鰈は、刺し身ではなく、三つか四つに切って、煮ていた。煮立て（煮上がったばかり）を食べるのもいいが、一晩おいて冷えたのを食べるのも良かった。煮汁が冷えて固まって、それだけ食べてもうまいのだが、魚の身に付けて食べると、煮立ての時とは違ったうまさがある。その固まったものを「とごり」という。世間では「煮こごり」。「とごり」は名古屋弁、「とごる（凍る）」の連用形の名詞化、「とごり」（熱田の別の地区では「うめで」とも）という表現は、いかにもうまそうだと感じられるのだが、最近名古屋ではほとんど聞かれなくなった。まことに寂しいかぎりだ。（2002年8月）

鯊《はぜ》釣り

秋ともなれば、何といっても、鯊《はぜ》釣り。「秋鯵《あじ》」とか「秋刀魚《さんま》」とかは、マスコミでも話題になるが、鯊は、都会に近い海岸の堤防などで、鈴なりになった釣り人の写真を載せるくらいだ。最近の鯊釣りの様子を見ると、釣り人のあまりの多さに驚くばかりだ。あれでは、鯊よりも、釣り人の方が多いのではないか。

僕も、子どものころ、十一月になると、よく鯊釣りに行った。それも陸《おか》釣りではなく、船釣り。朝、七時半ごろ、熱田の神戸《ごうど》の波止場（分かりやすく言えば「熱田の七里の渡し」）から、釣り船に乗って、名古屋港に出、さらに西に向かって、鍋田干拓の沖辺りまでいくとこが鯊釣り場。えさは沙蚕《ごかい》。沙蚕は蚯蚓《みみず》に似た虫だが、もっと細く短い。海岸の泥中にいるので、干潮の時、泥を起こして、中にいる沙蚕を採って餌にしてもよいが、町中に住んでいる者にとっては、餌屋で買った方が便利。

さて、いよいよ鯊釣りの準備。前晩に用意した釣り糸を釣り竿《ざお》に付け、釣り針に餌の沙蚕を付ける。沙蚕にも頭としっぽがあり、頭をつかむと、パクッと口を開けるので、すかさず、釣り針の先をその口に入れ、順々に針の元の方へ沙蚕を送り込んで、余りは針先から垂らす。鯊釣りは勘釣り。おもりのついた針と糸を海に投げ入れて、竿の先を少しずつ、ゆっくり上下に動かして、えさを海中でユラユラさせ、鯊がえさに飛びついた瞬間、衝撃が竿を走るので、一気に竿を上げ、釣り糸を手繰《たぐ》る。大成功。生きのいい新鮮な鯊が、船に飛び込んでくる。

鯊は、何と言っても、刺し身が一番。鯛《たい》や平目よりはるかにうまい。しかし、これは、料理するまで生きていて、しかも、ある程度の大きさ（三年ものから五年ものの、いわゆる「隠居」と言われるもの）がないと無理。わが家では、釣った鯊を七輪で白焼きにし、これを笊《いかき》（「ざる」とも読む）に入れ、物干し竿の先端にくくりつけて猫に取られないようにして、約一週間日に干して、正月の昆布巻きの芯《しん》にする。子どものころから、昆布巻きの芯は鯊以外には食べたことがなかった。また、ある程度大きなものは、白焼きにして、さらに七輪でことことと弱火で根気よく、頭も骨もぼろぼろに食べられるまで煮て、もちろん姿形を壊さないようにして、正月のおせち料理「鯊の甘露煮」とする。今考えると、こういった料理は、カルシウムを補給するのに最適だった。海で英気を養い、釣った魚で栄養をとる。昔から、人が自然と共生《ともい》きをしてきたことが、身近なところにいっぱいある。万博で「共生《きょうせい》」と叫ぶ前に、このようなご先祖の生き方にもっと注目したいものだ。（２０００年９月）

餅搗《つ》き

かつては、町中《まちなか》でも家々で餅《もち》を搗いたものだが、一方、賃餅《ちんもち》も盛んだった。子どものころ、小学校の帰り道、「ちんもち」と書かれた看板を見ると、別の「ちん」を想像して、友達同士大笑いしたものだ。

わが家では新家《しんや》の分・隣家の分などを含めて、多い時には十五〜二十臼は搗いた。わが家の臼は石臼で、一臼二升。臼によっては三升入るものもある。手返しは伯父か伯母か隣家の嫁さん。手返しのコツは手水をできるだけ付けないこと。餅米を蒸すには、二つ炊きの竈《かまど》(名古屋では「くど」と言う)で、焚《た》き口に近い方に、蒸籠《せいろう》に入れたばかりのものを、もう一方に半ば蒸さってきたものを置き、順次入れ替えて蒸していく。蒸し立ての餅米はとてもうまい。餅米が本当に蒸さっているか、蒸籠から臼に移す直前に試食する親のまねをして、臼に入れる度、つまんで食べるのが楽しみだった。餅の搗き方のコツは、右手で横杵《きね》の柄の元の方をしっかり握り、左手を、杵を上に上げる時は杵と柄のつなぎ部分に持っていき、上

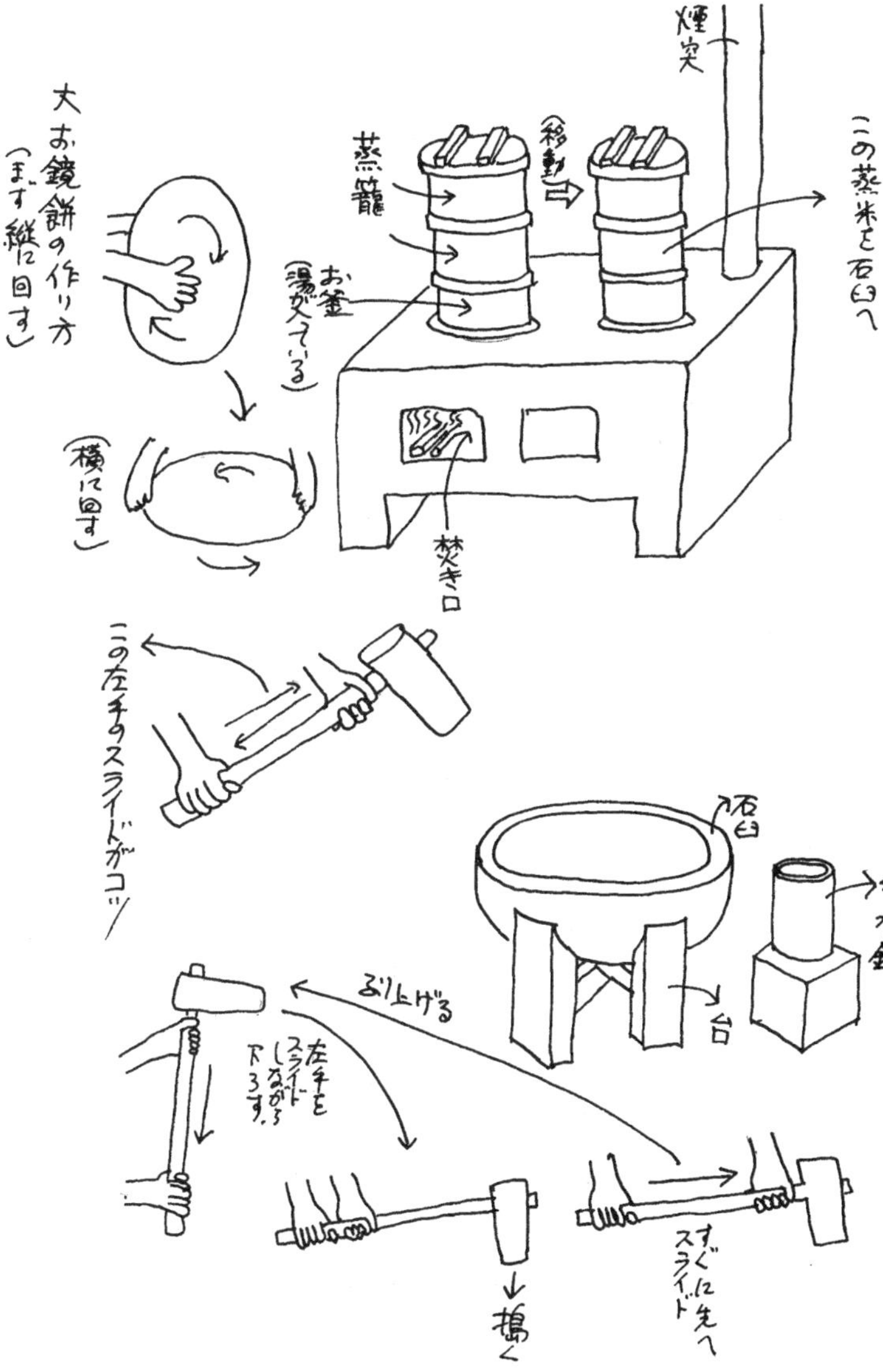
煙突
蒸籠
（移動）
この蒸米を石臼へ
お釜（湯が入っている）
大お鏡餅の作り方（まず縦に回す）
（横に回す）
焚き口
この左手のスライドがコツ
石臼
手水鉢
台
ふり上げる
左手をスライドしながら下ろす。
搗く
すぐに先へスライド

から振り下ろす時はそこから、右手で握っている元の方へスライドさせること。楽に搗くためにはこの左手のスライドが重要。あとは腰を入れて搗くだけ。子どものころは新家の従兄弟が三人来て、父と伯父と男ばかり六人で、餅搗きをしたものだった。その従兄弟たちも大人になり、昭和五十年以後は僕一人で十五臼搗く羽目になった。もちろん大小のお鏡餅も、伸ばし餅も剥《へ》ぎ餅も一人で作っていた。大鏡餅を作るコツは、まず、米の粉を手に多くつけないこと、餅を真ん中へ包み込むように丸く丸く形を作っていき、最後は、回るタイヤのようにお鏡餅を縦に回して形を整え、平らに置いて、直ちにうちわなどで餅の表面を素早く冷やし、乾かして完成。伸ばし餅は、直方体にした餅の四隅の角を角《つの》のように少し出して（耳）、縦一尺、横三尺、厚さ五分の箱形のものに入れて麺《めん》棒で伸ばし、同じ大きさの板をその上に置き、これを一八〇度ひっくり返して、その板に乗せ、茣蓙《ござ》のところまで持っていき、縦に三〇度くらい傾け、片方の端を、トンッと思いっきりよく突いて、サッと板を手前に引くと、伸ばし餅がきれいに茣蓙に乗る。まだ柔らかいので茣蓙の目が餅につくのも面白い。剥ぎ餅は直方体の菓子箱などに入れて作っておき、生乾きの餅を薄く剥いで、茣蓙（筵《むしろ》）に並べて干す。ところで、餅搗きの一番の楽しみは水取り。搗きたての、まだ臼に入っている餅を饅《まん》頭《じゅう》くらいの大きさにちぎって、黄《きな》粉や溜《たま》りで味付けした大根おろしをつけて食べるのがこれ。搗き立ての熱い餅を手水を使って切り取るのでこう言うのだろう。こうして正月の餅のまわし（支度）がすべて整う。

餅を搗く家、杵の音で年が暮れる、こんな風景はすっかり見かけなくなった。しかし、その地方らしい年中行事で味わう季節感は心温まる。次世紀にもぜひ継いでいきたいものだ。

（２０００年10月）

第2章

普段の日の食事

ゆつき　あんかけ

ハアー宮の熱田の廿五丁橋で
西行法師が腰をかけ
東西南北見渡して
こんなに涼しいこの宮を
なぜに熱田と誰が言うたエー
とこ　どすこいどすこい

名古屋甚句の一節。名妓《ぎ》連とよ子さんの名調子が聴かれなくなって久しい。これに名妓連喜久ちゃんの踊りがつけば鬼に金棒。こういう粋な芸がだんだん見られなくなるのは寂しい限りだ。僕は熱田生まれ、熱田育ち、熱田神宮境内は遊び場だったので、隅から隅まで知り尽くしていた。西行法師が、どの辺りで腰掛けたか分からないが、今と違って、樹木が多く、確かに、どこでも夏は涼しかった。

暑い時は、素麺《そうめん》、ころ、冷やし中華、心太《ところてん》と来そうだが、わが家では「ゆつき（湯付き）」。ゆつきとは釜揚げではない。うどんを茹《ゆ》でて、そのまま茹でたお湯ごと釜や小桶に入れて出し、付け汁を付けて食べるのが釜揚げうどん。ゆつきとは茹でたうどんをさらして笊《ざる》に上げた上でどんぶりに移し、別に沸かしておいた湯を加えるもの。いわば、笊うどんの温か版。この場合、釜揚げと違って、うどんを付け汁に付けても、笊うどん同様、おつゆが濁らない。釜揚げの場合は、おつゆがだんだん濁ってきてどろどろ状態になるので、好みの問題だが、うどんそのものの味が分からなくなってしまう。一手間加えるだけでうまさが持続する。汗をだらだら流しながら、ふうふう言って食べると、これがまた暑気払いであった。

僕の家の五軒北隣に製麺屋があって、昼時になると、よくお使いで、生うどんを買いに行ったものだ。機械打ちだが、手打ちに勝るとも劣らないうどんだった。以来、大のうどん好きになってしまった。

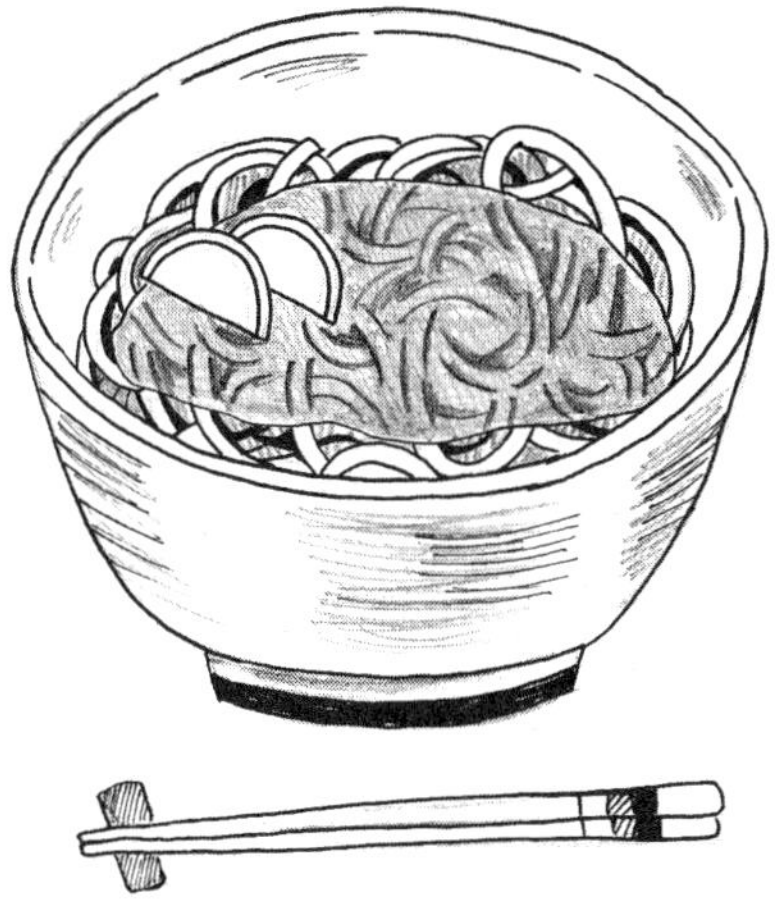

ゆつきと共に大好きなのが「あんかけうどん」。あんかけは、ご存じのように、葛《くず》を混ぜたおつゆをかけたもの。これは正真、体の暖まる冬の食べ物だが、江戸時代にはすでに食べられていたらしい。『大黒屋日記抄』の中に文久三年（一八六三）正月七日に本陣でこれが出されたとある。ところが、最近、わが家で、お昼にあんかけを出すと、学生たちは一様にびっくりする。あんかけを知らないのだ。だいたいどこのうどん屋でもメニューにはあるが、近年あまり人気がないようだ。僕のあんかけの定番は、うどんに、蒲鉾《かまぼこ》・ゆでたほうれんそう・干し椎茸《しいたけ》を戻したものをのせ、色の濃いあんをかけたもの。名古屋では、醤油《しょうゆ》ではなくて、溜《たま》りを用いるので、色が濃いのだ。ところが、赤黒い溜りのほかに、白醤油を使う場合もある。溜りは、豆味噌《みそ》とともに作られるものだが、白醤油は、精白小麦粉と砕いた脱皮大豆とを原料に酵母の発酵を抑えて作るものだそうで、白い半透明の醤油。かつては、山梨県でも作られていたそうだが、現在は愛知県特産である。この白醤油を用いると、ほとんど色がつかない。この辺りでは、色よく仕上げたい和食料理には欠かせない調味料である。あんも白醤油を使うと、下手なテレビのレポーターではないが、ほんのり甘みがあって、上品に仕上がる。

とはいうものの、僕の一番好きな「あんかけうどん」は、旗屋町の僕の家の筋向かいにあった「浅田屋」の色濃いあんかけだったが、うどん屋をやめてしまったので、永遠に食べられなくなってしまった。うまいものは、思いついたら即食べに行かねばならない。教訓である。

（2002年7月）

春はつくしづくし

ひばりは　うたを　うたってる。
畑の　うたを　うたってる。
あさから　ばんまで　うたってる。
なたねが　さいたと　うたってる。
げんげが　さいたと　うたってる。
ピーチー　ピーチー　うたってる。

右の「ひばりのうた」は、僕の小学校二年上の国語の教科書の冒頭に載せられた野口雨情の作。昭和二十八年日本書籍刊のこの本は表紙に「ひばりのうた」と題名が書かれている。その下に「太郎　花子　こくごの本」と小書されてはいるが。つまり国語の教科書ではあるが、太郎・花子を中心とした物語仕立ての本。しかもカラーの挿し絵入り。上巻なので、春から夏までを描くが、思わず引き込まれてしまい、授業の始まる前に全部読んでしまった。

その三つ目が脚本仕立ての「つくしの　ぼうや」。春になって、鶯《うぐいす》が鳴き始め、ちょうちょうが飛び、暖かい春風が吹きだし、つくしの坊やが頭を出すまでを劇にしたもの。菜の花が咲き、れんげが畑いっぱいに咲くころ、つくしが一斉に頭を持ち上げる。子どものころ、春の一番の楽しみは、田舎へつくし摘みに行くことだった。

行き先は、父親が戦時中勤労奉仕をしていた、知多半島は横須賀町南加木屋（現東海市）。名鉄南加木屋駅から南西に山の手の方に歩くこと約十分、途中の道の両脇《わき》にもすでにつくしが一杯だが、それには目もくれず、目指す家に着く。ここからなだらかな丘陵に沿って、田んぼや畑が続く。その畦《あぜ》道や土手、畑の中によく肥えたつくしがにょきにょき、足の踏み場もないほど生えていた。雪柳があたり一面に咲き乱れ、椿も咲き、百合《ゆり》が太い茎を伸ばし、百舌鳥《もず》がさえずって、春爛漫《らん》。つくしが終わるとわらび、ぜんまいにたけのこ。当時は名鉄神宮前から準急で約三十分（今は十五分）の近場だが、こ

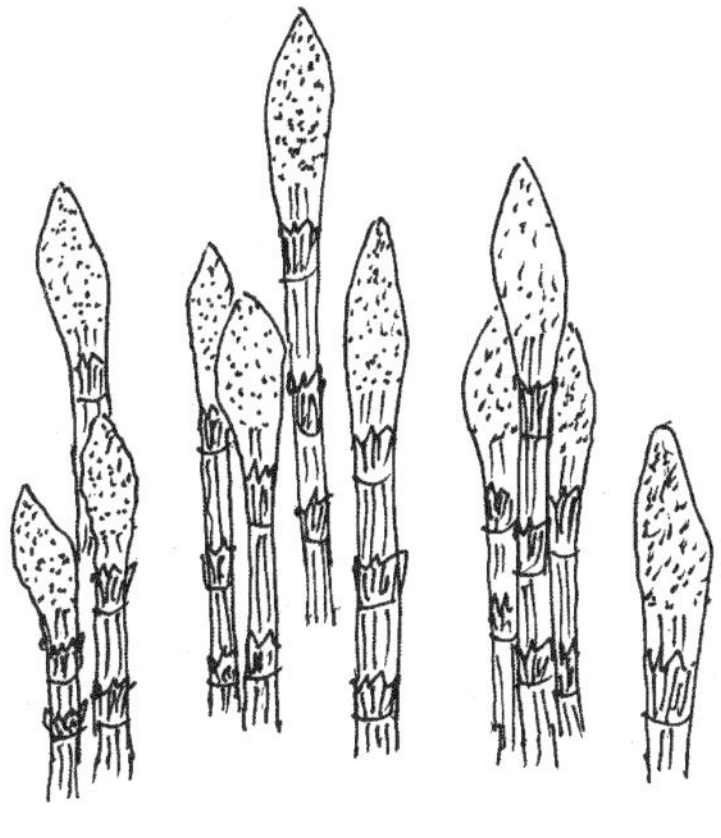

んなにいっぱいの自然があった。

名古屋市内でも、僕の生まれ育った熱田には、熱田神宮、熱田神宮公園、堀川があり、とくに今白鳥《しろとり》庭園、国際会議場のあるあたりの堀川右岸の土手や、元の貯木場の周りには、つくし、わらびがたくさん生えていた。それを壊して親水公園とか、ビルとか、庭園を造っても、どうしても人工的なものを感じてしまって、今ひとつ親しめない。もっと素朴なありようを大事にしたい。

つくしは、まず袴《はかま》を取らないと食べられないから、これが厄介。つめの間に薄青い胞子がいっぱいに入ってなかなか取りにくい。でも、新聞紙を広げて、家中でがやがや言いながら取るのは楽しい。後はゆでてあくを取り、溜《たま》りで煮物にするか、卵とじか、つくしご飯かだが、僕は煮物が好き。今でも年に一度はつくしが食べたくて、時間があれば、加木屋へ飛んで行ってつくしを取ることにしているが、以前に比べ、住人が増え、つくしやわらびを根こそぎ取っ

ていくので、だんだん少なくなってしまった。わらびは影も形も見えない。これらは少し残しておけば、胞子が地面に落ちて、また次の年に芽を出すから、こんなひどい状態にはならなかっただろう。自然との共生《ともいき》を叫ぶ前に、一人一人の実践が大切だ。（２００1年2月）

木の芽田楽

オンアボキャーベーロシャノ
マカムダラーマ　ニハンドマジン
バラハラバリタヤン

この、何かお呪《まじな》いのような文句は、母が毎朝読んでいたお経の、般若心経《はんにゃしんぎょう》、延命十句観音経《えんめいじっくかんのんぎょう》に続いて、唱えていた光明真言《こうみょうしんごん》。子どものころ、仏壇の前でお経を読む母の横で、ちょこんと座って一緒にお参りしていたので、鮮明に覚えている。この光明真言は、南無大師遍照金剛と一対で唱えられる。遍照金剛は大日如来を指す一方、空海の金剛名号（師から弟子に法を伝えるとき灌頂《かんじょう》を行い、その時受ける名号）でもあり、弘法大師空海に祈念する時に南無大師遍照金剛《なむだいしへんじょうこんごう》と唱える。光明真言を唱えると、光明（佛《ほとけ》・菩薩《ぼさつ》の智慧《ちえ》）を得て、一切の罪障が除かれ、智慧、弁才（事柄の道理を弁別する才能）、長寿、福楽を得ると言われる。もともとは梵語《ぼん》。わが家が特別に信仰心深かったわけでもないが、毎年、春になると、父は、知多半島の新四国八十八箇所参りに、仲間と自転車で行ったものだ。本家の四国の方は本《ほん》四国という。四国は遠くて、とても毎年は行けないという人のために、知多半島に作られた。お大師さん（空海）信仰の深さをうかがわせるものでもある。空海は、弘法さんとか、お大師さんと庶民に親しまれ、その信仰は広く浸透している。弘法大師の命日「ご祥當《しょうとう》」の三月二十一日には、お接待と称して、各家々でお振るまいをするのもその一つだ。わが家では、餅《もち》をついて、丸餅にし、紅で卍字《まんじ》を書いたものを、弘法さんにお供えし、そのお下がりを家族や町内の人、店（仏具屋「丸錠」）に来た客に配っていた。近年は四月二十一日を旧の三月二十一日として、この日にお接待を行う事が多い。

僕の東海中学以来の友人中井君（習字の半紙で知られた中井商店）の家では、ご祥當のお接待に、木の芽田楽と心太《ところてん》を振るまった。豆腐は古くから取り寄せている特注品、木の芽は庭先の山椒《しょう》の若葉。木《き》の芽は、木《こ》の芽（この方が古い）とも言い、春、木々に萌《も》え出た新芽を言うが、古くは特に食用として摘まれたあけびを、後には山椒の新芽を指すようになった。昨年訪れた新潟県松之山町で、初めてあけびの新芽のあえものを食べたが、まことに美味だった。しかし、一般には木の芽と言えば山椒の芽。木の芽田楽と言えば、二股に割った竹串《ぐし》に豆腐を刺して火で焙《あぶ》り、山椒をすりこんだ味噌《みそ》を上に塗ってさらに焼いたもの。江戸時代の随筆『守貞謾《まん》稿（近世風俗志）』には、「京坂の田楽串は股あるを二本用ふ、江戸は無股を一本貫く也。京坂は白味噌を用ひ江戸は赤味噌を用ふ。各砂糖を加へ摺る也。京坂にては山椒の若芽をみそに摺り入る、江戸は摺り入れず上に置く也」とあって、東西の違いが分かる。名古屋はもちろん赤味噌で山椒の芽をすり込む。中井家では、焼いた豆腐をすり鉢の味噌の中にズボッと突っ込んでたっぷりと木の芽味噌を付け、もう一度軽く焙って表面を乾かした。僕は毎年約五十本もいただいた。この付け合わせが心太。熱い田楽と冷たい心太が妙に合っていた。（2001年3月）

蕗の薹

梅は咲いたか　桜はまだかいな
柳ゃなよなよ　風次第
山吹ゃ　うわきで
色ばっかり　しょんがいな

右の端唄（小唄）「梅は咲いたか」は、好きな唄。もともと江戸初期の寛文年間（一六六一～一六七三）から唄われていた「しょんがえ節」が、明治初年に再び流行、曲名も右記のようになったという。春の到来を浮き浮きと喜ぶ心情が巧みに表現されていて、思わず節に乗ってしまう。

さて、その梅の蕾《つぼみ》がまだ固かった一月五日、鳳来町《ほうらい》（現新城市）での郷土《ふるさと》文化研究会の新年会に参加した折、蕗《ふき》の薹《とう》を土産にいただいた。二日に降った雪が消え残る奥三河の山間で、これはすごい。よく見つけられたものだ。我々の目にはまだ冬真っ直中《ただ》だが、大地には着実に春が近づいている。植物もちゃんとそれを感じているのだ。開いた蕗の薹は毎年見ているが、蕾の蕗の薹はお目にかかったことがなかった。

早速家で天ぷらにしたが、その苦味の強いこと。一筋縄ではいかない。でも、その苦味がうまいのだ。春の味覚といえばタラの芽、こごみ、つくし、わらび、ぜんまい。どれをとってもその味の基に苦味があるのは、偶然の一致とも思われぬ。寒く厳しい冬を耐えるには甘っちょろいことではダメと言うことか。

子どものころ、この苦味が嫌いだった。だから、苦味の弱いつくし、わらび、ぜんまいは好きだったが、つくしも、頭の部分ではなく軸（茎）が良かったし、頭が蓬《ほう》けて胞子が散ってしまったのは苦くないから、これも良かった。蕗の薹なぞ全くダメで、蕗も苦手だった。

蕗の産地は知多半島。全国の産の七割だそうだ。そういえば春先に東海市から知多市へ行くと、やたら筵《むしろ》で囲った蕗畑が目につく。冒頭の端唄ではないが、知多半島で梅の名所といえば佐布里《そうり》。もともと梅干しのための梅林だった。佐布里の梅が梅見の場所になったのはごく近年のことだ。梅の花見より梅畑の土手で蕗の薹を採る方が多かった。その梅花から桜花に変わるころ、蕗本体が食べごろとなる。

わが家の蕗料理は決まって鰹節《かつおぶし》の出しで、薄味に煮たものだった。昨今、料亭、割烹《ぽう》、居酒屋などで、よく出されるが、外でお金を払って食べたいとは思わないのは、僕だけだろうか。蕗に限らず、里芋の煮っ転がし、菜の花のおしたし（正しくは、お浸し）など、お袋の味といってありがたがる向きもあるが、この種の料理は、おふくろの味（わが家は伯母の味だが）で、家で作って家で食べるものと決まっていて、外で食べるものではないというのが僕の哲学。それはともかく、今は、蕗の鰹出しで煮たものが好きになってきた。と同時に、蕗の佃煮《つくだ》である、きゃら蕗も好きになってしまった。蕗の香りと青臭さがいい、年をとった、いや大人の味が分かるようになったのだ。とは言

え、ハウスの中でぬくぬくと育てられ、一メートル余りにも延びた栽培種の蕗は、大して青臭くはない。野山に自生する山蕗は、わずか三十センチメートルほどの丈、緑の色も黒みがかって深い。湯がいてもかなりの歯ごたえがあるが、風味も濃厚だ。饅《ぬた》などでいただくと一段と味わいがある。

東海市では、蕗の普及のために、蕗ワインまであるそうだ。農業も昨今、作物を生産するだけではなく、加工の工夫も求められている。しかし、本来の味を楽しむのが、僕は、一番おいしいと思うのだが。(2002年2月)

■　■　春の　はえ　■　■

春の小川は　さらさら流る
岸のすみれや　れんげの花に
においめでたく　色うつくしく
咲けよ咲けよと　ささやく如《ごと》く
春の小川は　さらさら流る
蝦《えび》やめだかや　小鮒の群に
今日も一日　ひなたに出でて
遊べ遊べと　ささやく如く

右は、ご存じ、文部省唱歌「春の小川」の一番二番。現在は「さらさら流る」が「さらさら行くよ」、「においめでたく」が「姿やさしく」などと変えられてしまっている。「さらさら行く」では意味をなさないし、「姿やさしく」では次の「色」との対称がダメになってしまう。なぜこんな愚かな改変を加えるのだろうか。それどころか、最近は文部省唱歌が、小・中学校の音楽の教科書からどんどん姿を消しつつある。こんな愚挙はすぐにやめてもらいたい。日本人の心を歌った歌が、小学生には難しい、分からないという理由で教えないのは、日本文化に対する冒涜《とく》。分からなくても、教えておけばやがて分かる時が必ず来る。その時が大事。教えておかなければ分かる時も来ない。

ところで、春が来ると熱田の森も元気に。僕の通った白鳥《しろとり》小学校は熱田神宮の西門前にあったので、神宮の西側の道（ここも名古屋城から続く本町通の末端、美濃路でもある）を通った。この道は神宮の側は石垣だったが、春になると、その石の間から可憐《れん》な紫や白のすみれが花咲いて、石垣の上の土手にはつくしやわらびも生えて、通うのが楽しかった。春の小川は無かったが、神宮の池では、池の端に腹ばいになって、腕を底の方へ入れて、すくい上げると、うどんのようなひきがえるの卵が、ザアッと、ようけ（沢山）採れた。それを小学校の水槽でおたまじゃくしになるまで育て、足が出たら池に返す、これを毎年繰り返していた。

このころになると、決まって「はえ」が食卓に出た。「はえ」といっても蝿《はえ》ではない。アクセントは「え」にある。体長二～三センチの川魚。辞書によれば「鮠（読みは、はえ、または、はや）」と書き、石斑魚《うぐい》や追川《おいかわ》などの川魚だとするが、僕は小鮒《ふな》の小さいのだと思う。さて、この「はえ」だが、行商の魚屋のおばあさんが乳母車に、おじいさんが自転車に積んで売りに来る。至って安価。しょうが溜《だま》りで佃煮《つくだ》の一歩手前くらいまで煮込むと、軟らかく、骨まですっかり食べられる。カルシウムにタンパク質、栄養満点の食べ物。幼いころは、これが食卓に出ると、必ず頭から全部食べさせられた。ところが、この魚、内臓が苦い。また、頭の部分は骨が結構硬く、口に残る。子どもにはこれがとてもいやだった。軟らかく炊かれているから、ぼろぼろになって、頭と体が切れてしまっていることもあった。こうなると、苦みが外に広がっていて、なおさら苦い。僕は嫌いな食べ物は滅多にないが、この「はえ」の煮付けはどうにも苦手だった。しかし、これを食べさせられたおかげか、今も川魚はすべて頭から皆食べる物という習慣があって、鮎《あゆ》だろうが、岩魚《いわな》だろうが、残る

ところなく食べてしまう。

この「はえ」は海部《あま》郡の辺りでは、押し寿司《ずし》に作って食べる。僕はこれも食べたことがあるが、押し潰さない程度に押してあって、「はえ」と卵焼き、しいたけ、かまぼこなどが、きれいに斜めに載せてある。できるだけ「はえ」のない部分を食べようとするのだが、ところがどっこい、「はえ」が一番のご馳《ち》走なので、「はえ」の多く身のところもある部分を取り皿に載せてくれる。食べれば言うまでもなく、苦みが寿司飯にも広がって、得も言われぬ、うまい？　いや、苦い味。今になって思うと、案外この苦みが乙なのだ。

江戸の白魚《しらうお》ではないが、僕には「はえ」が早春の味だった。（2003年2月）

■ ▒ わが家の「ねぎま」 ▒ ■

目には青葉　山時鳥《ほととぎす》　初鰹《はつがつお》　素堂

毎年、五月の連休には、下呂（岐阜県）の鳳凰《ほうおう》座の地芝居を見に行くのだが、途中の加子《か し》母《も》村（現中津川市）で、帰りに山菜を買うのも地芝居見物の楽しみになっている。山菜の中でも、僕は、天然の山葵《わさび》が、特に好物。長い茎、かわいい白い花、そしてちょっと小さいけれど確かな根。山椒《しょ》は小粒でピリリと辛いと言われるが、山葵だってなかなか。小さくても香り、辛みは一人前だ。

冒頭の句は、「鎌倉にて」の前書きがあるが、鰹は鎌倉では、「徒然草」第百十九段に「鎌倉の海に鰹といふ魚は、かの境（鎌倉）にはさうなき（この上ない上等の）物にて、此《こ》のごろもてなす物なり」とあるように、兼好のころから高級な名物になった。それまでは、鰹節が主流だったらしい。その鰹、今年は海の方でも異変が起こっているらしく、初鰹があまり獲れないそうだ。初鰹とは何を指して言っているのか、時々分からなくなることがある。と言うのも、寿司屋《すし》に行けばほとんど年がら年中鰹があるからだ。いわく、戻り鰹だと。それは納得できるが、年中鰹はやはり変だと思う。鰹は回遊魚、黒潮に乗って熱帯から北上、五月六月ごろ、東京湾沖にやってくるので、これを初鰹と言い、秋十月ごろには南下し始めるので、これを戻り鰹と言う。江戸っ子は女房を質に置いても初鰹をと、言ったそうだが、真偽のほどはさあどうだろうか。僕なら奥方の方が…。

鰹は刺し身か叩《たた》きで食べるが、刺し身の方が好き。縁が焼いてあるのより、すべて生がよい。専門家によれば、脂がきついのは、焼いて脂を落とした方がよいと言うのだが。ところで、わが家の鰹の食べ方には、家内がビックリした「ねぎま」なるものがある。これは、鰹の刺し身を、溜《たま》り（いつものことだが、名古屋では醤油《しょうゆ》ではなく常に溜りを使う）だけではなく、溜りに生卵を落としてかき混ぜ、薬味に刻んだネギを入れ、これを鰹の刺し身につけて食べる。わが家では、これを「ねぎま」と称する。普通、ねぎまと言えば、牛・豚・鶏肉とねぎを交互に串に刺し焼いたもの。だから、わが家の「ねぎま」は全く特異。溜りの味に、生卵の匂《にお》い・味が加わって、まろやかな卵味になる。わが家では、これに限らず、ゆつきうどん（70ページ）のおつゆ（付け汁）などにも、時折、生卵を入れる。

今と違って、卵が高価だったので、これはとてももぜいたくな食べ方ではあった。人に聞いても、このような「ねぎま」は、誰も知らないと言う。ひょっとしたらわが家だけの食文化「ねぎま」だったのかもしれない。こういった各家庭独自の味も我々の文化、大事に伝えたいものだ。（２００１年４月）

ちんみの思い出

マルコ＝ポーロと違っても
松尾芭蕉じゃなくっても
誰にもあるよね
旅心って何だろ……

右は、ご存じ（かどうか？）、ＮＨＫ「北陸東海　文さんの味な旅」（昭和六十二年〜平成元年、二十回）のテーマソング。愛知・岐阜・三重・静岡・福井・石川・富山の中部七県下の、珍しい話・珍しい食べ物（一説には気持ちの悪い食べ物）を紹介した。この番組は旅番組の範疇《ちゅう》に入るが、あっちからこっちまで旅をするのではなく、一箇所に留《とど》まって、その土地の文化の紹介だった。しかし年月が経つと文化もすっかり変わってしまうことがある。

富山県新湊《しんみなと》市でのこと。富山湾は深海で知られているが、ここで甘海老《えび》漁をするとき、甘海老漁の網に「ゲンゲ（下の下の意だそうだ）」と呼ばれる魚が掛かる時がある。このゲンゲ、白ゲンゲと黒ゲンゲとがあって、黒ゲンゲは鯊《はぜ》の大きなものに似て刺し身でも食べられるが、問題は白ゲンゲ。高岡市の路面電車（万葉電車）で、乗客に、白ゲンゲを、どんな魚かと聞いたところ、「あんな鼻水が体を覆っているような魚、気持ちが悪くてとても食べられない」と皆が異口同音に言った。体長二十五センチほどの、やはり鯊に似たゲンゲは体表面がゼラチン質のもので覆われており、見ようによっては確かに鼻水で覆われているようでもあった。これは長さ三センチくらいにぶつ切りにして醤油《しょうゆ》で煮ると、とてもうまい。一味唐辛子をふりかけるとさらにうまくなる。ところがこのうまい魚、地元の漁師しか食べていなかった。僕も試食したところ、身も引き締まって、なかなかうまかった。その通り正直に漁師さんに話したところ、テレビで放送されて、ゲンゲもやっと市民権を得ることができるとうれしがられた。ところが最近テレビ番組を見たところ、何と「幻の魚ゲンゲ」と紹介され、なかなか手に入らない高級魚として扱われていて、仰天した。あの高岡市内の路面電車内での評判はどこへ行ったのか、時の長さを実感した。

ところで、子どものころ嫌いだった食べ物が、大人になって急に好きになることがあるのは周知のこと。僕も、トマト、海鼠腸《このわた》、牡蠣《かき》などは、子どもの時嫌いだったが、今はとても好き。子どもの時嫌いだったが、大人になってお目に掛かっていないものにチンミ貝がある。

子どものころ、四月～六月ごろになると、値段が安かったせいか、しばしば食卓に出た。赤貝と似ているが、全く別の貝。斧《おの》（頭）の部分が波打っており、紐《ひも》も太い。これを乱切りにした人参《にんじん》と溜《たま》りで煮る。なぜ人参と一緒に煮るのか、里芋とか大根とか、ほかの野菜と煮たものを見たことがない。これがとても嫌い。チンミ貝特有の匂《にお》いが、いただけなかった。それでも食べないといけなかったので、人参ばかりを食べた。人参も独特の匂いがあるが、僕はそれは好きだったし、人参の甘みが溜りの辛さを打ち消すので、チンミ貝一つに人参五切れくらいの割合で食べた。貝独特の匂いというものは、それが嫌いな人にとっては、耐え難い。その代表がチンミ貝。何でこんなものを食べるのだろうかとさえ思ったくらいだ。最近新聞紙上で「この上なくうまい」とあった。大人になって食べていないから、もう一度挑戦してみたい気持ちに駆られた。ひょっとしたら好きになるかも。（2003年3月）

鰹　新節　なまり節

目には青葉山ほととぎす初鰹《がつお》　素堂

よく知られたこの句。芭蕉《ばしょう》七部集の一つ、「あら野（曠野）」に入れられた山口素堂の句。しばしば「目に青葉」と誤読されるが、「目には」が本意。初夏の風物はこれに尽きる。五月ともなると、山には新芽が芽吹き、山桜も、藤も一斉に花開く。初夏の目にしみる青葉は、木々の種類によって緑の色が微妙に異なり、また、日が経《た》つにつれ、淡い色から濃い色へと変わっていく。「テッペンカケタカ」という時鳥《ほととぎす》の声は、よほど山深く入らないとほとんど聞かれないが、初夏の鳴き声は、万葉集の昔から大いにもてはやされてきた。

卯の花も　いまだ咲かねば　ほととぎす
佐保の山辺に　来鳴きとよもす（もう来て盛んに鳴いていることだよ）

万葉集巻八の大伴家持の歌。「卯の花」「ほととぎす」「来鳴き」など、何となく唱歌「夏は来ぬ」を思わせる。一声聞きたいと山に尋ね入った歌、一晩中待ち続けた歌などをいくらも歌集に拾うことができる。

初鰹を愛《め》でることはそれほど古いことではない。

伊良胡崎に　鰹釣り舟　並び浮きて

西北風《はがち》の波に　浮かびつつぞ寄る（港に帰ってくることだよ）

右は西行の『山家集』所収の歌。渥美半島の伊良湖岬沖では、鎌倉時代以前から鰹漁が行われていた。『徒然草』に、

鎌倉の海に、鰹といふ魚は、かの境（鎌倉あたり）にはさうなき物（第一番の物）にて、此比もてなす物なり。それも、鎌倉の年寄りの申侍りしは「此魚、をのれらが若かりし世までは、はかばかしき（身分ある）人の前へ出づること侍らざりき。

とある。兼好法師のころには、鎌倉辺りでは鰹は珍重、賞味されていた。万葉集の水江浦島子《みずのえのうらしまこ》（浦島伝説）にも堅魚《かつお》を釣っていたとあるから、古くから庶民の食べ物ではあった。しかし、腐りやすいので、京などでは、江戸時代まで乾魚でしか食べられなかったらしい。

ところが、江戸では「生食には上」（『山海名産図会』巻四）と言い、生で食べることを最上とした。特に、鎌倉沖で旧暦四月初めに獲《と》れる鰹は、初鰹として珍重された。初物好きの江戸っ子はこれを食べないと夏が来ないと、大金を出しても買い求めたという。

初鰹むかでのよふな船に乗り

鮮度が命の鰹は八挺櫓《ちょうろ》以上の快速船で鎌倉から日本橋の魚河岸まで運ばれた(江戸たべもの歳時記)。昨今は鰹を追いかけて漁をすることもあってか、年中全国どこの魚屋にも並んで、初鰹もかなり色褪《あ》せてはきたが、初鰹は江戸時代の江戸で始まった風習だった。

鰹の食べ方も古来色々ある。刺し身は言うまでもないが、いわゆる「たたき」なる物は、「肉の端及び小骨をたたき和《あ》え」て醢《しおから》としたもので、腸の醢は「酒盗」という（和漢三才図会）。「梅沢（神奈川県二宮町）…鰹のあぶりものを買てくへども…」（東海道名所記）とあるのが今の「たたき」。鰹節を作る過程でもできる、鰹を蒸して半乾燥させたものを生節《なまりぶし》、これを名古屋では新節《しんぶし》という。本来「新節」は出来上がり寸前の荒節やその年に作った鰹節を指す。この名古屋版新節、少量の砂糖を加えた溜《たま》りで煮るのが定番。木の年輪みたいに同心円状に身が重なっており、これを一枚一枚剥《は》がして食べるのが好きで、「今日はええかゃぁも!?」と大声でやってくる魚屋のおばあさんに、よく買ってもらったものだ。新節は煮立ても、冷めた物もうまい。

ところで、薄い桃色の米粉の蒸し菓子で、糸で切ると鰹の身のような波状紋が出る竿《さお》物がある。初鰹の雰囲気を甘い菓子で味わおうという粋な趣向で、初夏になると、毎年一度はめ

ぐり会いたい茶菓子だが、これも名古屋発の食べ物らしい。（2005年3月）

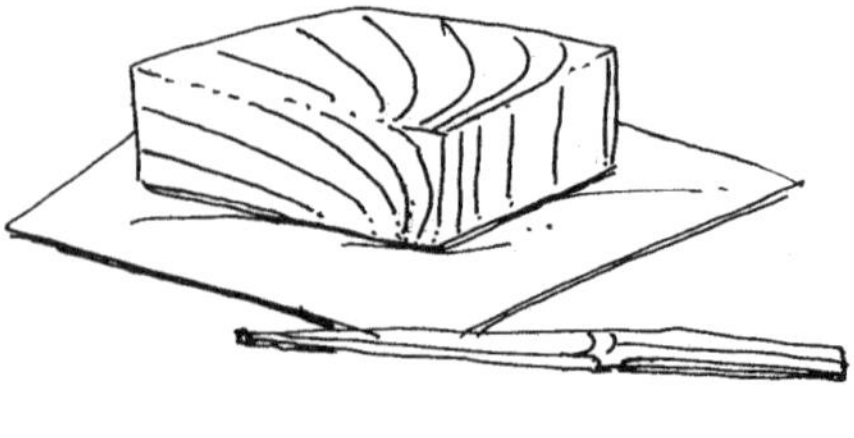

氷水やひやっこい

〽汲《く》みたての水もお江戸のきつすいと、かんばんうつた滝のぼり、…
〽氷水やひやっこい

冒頭の一節は、常磐津《ときわづ》節の「水売り」の一節。水売りは、『守貞謾《まん》稿（近世風俗志）』には「冷水売」として、「夏月、清冷の和泉を汲み、白糖と寒晒粉《かんざらしこ》の団（団子）とを加へ、一碗四文に売る。求めに応じて、八文・十二文にも売るは、糖を多く加ふなり。売り詞《ことば》、「ひやつこひ〳〵」と云ふ。」と説明されている。冷凍冷蔵庫のある現代ならいざ知らず、電気もない江戸時代に、冬の氷を夏まで保存するのは容易ではない。氷室なるものもあったが、とても庶民まではまわってこない。せめて、冷たい泉の水を汲み、甘味を付けて、温《ぬく》まぬうちに売り歩いたのだ。今日のような地球温暖化傾向ではなくとも、夏はやはり暑かったであろう。江戸の夏の風物詩として、朝顔市・酸漿《ほおずき》市・金魚売りなどは今もしばしば話題に上るが、水売りがあまり知られていない。冷たい砂糖水は暑さしのぎにはもってこいだったろう。

僕の子どものころの暑さしのぎの冷たい食べ物と言えば、かき氷・アイスキャンデー・アイスドリヤン・ラムネ・みかん水だった。

かき氷は「せんじ」。かき氷に砂糖をかけただけのもの。江戸時代、水売りが売り歩いた「冷水」に限りなく近い。「氷いちご」もあったが、練乳をかけた「氷ミルク」などは知らなかった。近所の駄菓子屋へ丼《どんぶり》を持って買いに行き、もちろん僕のお使いなのだが、丼に山盛りのかき氷を入れてもらい、家で家族皆で分けて食べた。ラムネもしかり。こちらは八百屋へ買いに行った。野菜籠《かご》（「買物籠」とは言わない）をさげて、八百屋へ行くと、八百屋のおじさんが、氷の冷蔵庫（電気冷蔵庫ではない）の氷室を開けて、氷の横にくっついたラムネを売ってくれる。冷蔵庫の棚にもラムネはあるのだが、よく冷えたやつというわけで、氷にくっついたのを出してくれるのが、特にうれしかった。ラムネは一本十円。今のラムネは炭酸ガスの圧力が弱いのか、どうもいま一つ昔のような迫力がない。それに味もちょっとまろやかになったと思う。みかん水は最近まったくお目にかからないが、一本五円。コルクの栓を抜いて飲んだものだ。原材料はよく分からない。

また、アイスキャンデーは一本五円、アイスドリヤンは一本三円、二本で五円。今時こんな安いものはない。実は、アイスキャンデーとアイスドリヤンの違いも定かではない。とにかく、昭和二十年代後半から三十年代前半にかけての、夏のおなじみはこんなものだった。アイスクリームとなると、これはもう高級で、銀の平べったいカップに、半球形のアイスクリームがのせられ、必ずウエハースが一枚くっついていた。最近、このウエハースがついたアイスクリームはなかなかお目にかかれない。今はさまざまなフルーツ味のアイスクリームやシャーベットがあるが、かつての素朴な夏の味がなつかしい。（２００1年5月）

夏は海胆《うに》

〽卯の花の　匂《にお》う垣根に　時鳥《ほととぎす》　早も来鳴きて　忍び音漏らす　夏は来ぬ

冒頭の唱歌は、明治二十九年、佐々木信綱作詞、小山作之助作曲の『夏は来ぬ』の一番。今の時節にはちょっと遅めの観もあるが、そこはご寛恕《じょ》あって、お読みくだされ。

幼少の記憶に、海蘊《もずく》、海鼠腸《このわた》はあるが、海胆《うに》はほとんど覚えがない。今でこそ、寿司《すし》屋では立ち食い（といっても、実際はいすに腰掛けて食べるのだが）が好きだが、子どものころでは、寿司といえば、巻き寿司、油揚げ（あぶらげ）寿司、それに押し寿司（箱寿司）で、握り寿司を食べたのは、はるか記憶のかなたへ飛び去ってしまって、海胆同様、覚えがない。

名古屋で海胆といえば、坂手の海胆。鳥羽の坂手島で水揚げされる海胆が一番。坂手島は、『増補大日本地名辞書』に、「今、坂手村と云ふ、菅島の西、鳥羽町の東に当り、鳥羽湾の南偏に在り、方数町の低洲なれど、漁家船戸多し……」とある。また、万葉集の市原王《いちはらのおおきみ》の歌に、

網児《あご》の山　五百重《いほへ》隠せる　佐堤《てて》の崎
さて延《は》へし児が　夢にし見ゆる
(網児の山が幾重にも隠している佐堤の崎の、さてあれ以来ずっと心に思っていた女の子が夢に見えることだよ…)『新編日本古典文学全集』

と詠まれた「佐堤の崎」が坂手島を指すと言われている。つまり、万葉集のころから坂手島は都人にも知られていた地だった。海胆はまた、古くは霊蠃子《れいらし》などとも書かれ、古代歌謡の「催馬楽」には、

〽我家《わいへ》は帷帳《とばりちやう》も垂れたるを大君《おほきみ》(皇族)来ませ聟にせむ　御肴《おさかな》に何よけむ　鮑栄螺《あわびさだを》か
石陰子《かせ》よけむ　鮑栄螺か石陰子(海胆)よけむ

と歌われ、海胆がうまいものだったことがわかる。江戸時代は、越前、肥前、薩摩産が良いとされた。

この坂手の海胆の存在を知ったのは、今から三十年前。東海高校時代の恩師八木安先生に連れられていった寿司屋。だいたい、カウンターで握ったばかりの寿司を食べるなどというぜいたくは、それまでしたことがなかったので、とても感激したものだ。しかもその中に、この海胆があったのだ。余談だが、寿司屋のカウンターで、注文して握られたばかりの寿司

をすぐ食べもしないで、酒を飲んだり、話をしたり、寿司はそのままほったらかしなどといった客が意外と多いのに驚く。ましてやたばこを吸いながらの客は言語道断、もってのほか。隣近所迷惑のほか、寿司にも失礼というもの。

それはさておき、名古屋でこの坂手の海胆を食べられる店は限られている。二十数軒と言うことだ。それに、日によって獲れる量が違うから、僕の行く寿司屋でも、一箱（一枚）しかない時もある。しかも漁は五月末から九月初めの漁解禁期間中でなければならず、食べられる期間も限られる。大きさも、五月末は小さいが、夏の終わりごろにはその倍くらいの大きさになる。毎朝近鉄の一番電車で、坂手の魚貝をしょった担ぎ屋のおばさんが名古屋駅に着くと、すぐに仲買が受け取り市場へ。坂手のものは、海胆にしても、魚にしても、この辺りでは一番うまい。だから、行き先が常に決まっている。何でもそうだが、その地で獲れたものが一番うまい。海胆にしても、北海道へ行ったら北海道の、沖縄へ行ったら沖縄の海胆がうまい。それぞれの土地柄、気候風土に合っているのだ。坂手の海胆は食べればすぐ分かる。味がよその物とは全く違う。偽りの坂手なんぞ絶対にだまされない。（2004年5月）

莢豌豆《さやえんどう》の玉子とじ

六月はお稽古《けいこ》の月。僕の母は常磐津文字登和《もじとわ》といって、常磐津の師匠。七月初めは、毎年母の一門による常磐津のおさらい会（温習会）が開かれた。僕の初舞台は昭和二十五年五歳の時、今もある八勝館の大広間で、見台の上に丸刈りの顔が出るか出ないかくらいのころだった。出し物は『夕月船頭（通称『夕月』または『船頭』）』。もちろん、五歳の子に筆で書いた字は読めるわけはないから、適当に本をめくる。僕が本をめくるたびに、客席からドッと笑い声が起こる。語っている僕の方は、客席からなぜ笑いが起こるのかチンプンカンプン。

ちなみに『夕月船頭』は弘化四年（一八四七）十一月江戸市村座の顔見世で四代目市川小団次が演じた七変化所作事『四季写土佐画拙《しきうつしとさえのふつつか》』の一つ。乙姫（長唄）、船頭（常磐津）、大黒（常磐津）、花魁（遊女）・客人（常磐津・長唄掛合）、雷神（常磐津）、牛若丸（竹本）と七役変化。四代目小団次江戸下りのお目見得狂言として大坂淀川の船頭風俗を写している。この小団次は、変化物や怪談物の早変り・宙乗りを得意とし、江戸随一の立役と称された。

十五歳の文政九年（一八二六）及び安政三年（一八五六）に大須の清寿院芝居に来演、名古屋とも縁の深い役者であった。『夕月船頭』は、作者西沢一鳳《いっぽう》、作曲は五代目岸沢式佐。この式佐も、天保五年（一八三四）三月、同じ清寿院で常磐津を興行した、名古屋にはおなじみの人。

ところで、五歳の子どもに常磐津の詞章の理解は無理。でも、所々分かるところもある。語り出しの「夕月に…」の夕月は分かる。しかし、次の「篠を束ねて突くよな雨に…」となるともうダメ。「逢《あ》ひたさに一人夜深かに来たものを…」に至っては、語句は分かるが意味不明。しかし、今この年になると、こんなのは朝飯前となる。

母の一門の常磐津の会はその後、松坂屋ホール（今のではなくて、本館の七階？にあったホール）、中電ホール、中小企業センターと会場を変えて、昭和六十年まで続いた。

閑話休題。このころになると思い出すもう一つのもの、それが莢豌豆《さやえんどう》の玉子とじ。ちょうど莢豌豆の旬《しゅん》のころで、八百屋には莢豌豆が一杯。それを沢山買ってきて、まずは豌豆の縁の筋を取る。今はこんな面倒な筋取りはしないかもしれないけれど、子どものころは必ず手伝わされた。これを、溜《たま》り（くどいようだが、溜り醤油《じょうゆ》などと書いてあるのを見るといささか怒ってしまう）を主に砂糖を少し入れて味付けしたおつゆで煮て、玉子でとじれば出来上がり。ついでにいうのだが、料理の出来上がりを、テレビなどで完成などと叫ぶ輩《やから》がいるが、これも納得できない。建築等なら「完成」でよいが、料理は「出来上がり」だ。だいたい小中学生のころは、やたら、魚にしろ、牛・豚・鶏にしろ、肉気（にくけ、気は接尾語で、〜のようなものの意）物が好きだ。どちらかというと野菜はいまいち。にもかかわらず、学校でお昼に弁当のおかずの蓋《ふた》を取ると、毎日のように、莢豌豆の玉子とじ。食べごろのちょっと手前で火を引いて豌豆の緑としゃきしゃきとした歯触りがあればまだしも、いつも、ちょっと煮過ぎで豌豆がタラッとしていて、色も少し赤身がかかっていては、ちょっと堪忍と言いたいところだが、伯母《おば》様が作ってくれた弁当、感謝感謝。家内のはシャキッとしているが、伯母のたらたらのが今は妙に懐かしい。（2003年4月）

じゃこは酢溜り大根おろし

渺茫《びょうぼう》果てなき蒼《そう》海の
百里の波もただ一気
斯《し》界に類無き記録《レコード》に
日本男子の気をあげん……

「夏が来れば思い出す」思い出の一つ、子どものころ行った長浦水練学校校歌の一節。小学校が夏休みになる七月二十一日から八月十日までの二十日間、知多半島の長浦（知多市内）で水泳の訓練をしていた。私の家では、男子は皆水練学校に入って五里（二万メートル）を泳ぐのを一人前とした。父は熱田水練学校の時代で、神戸《ごうど》の浜（今の熱田区神戸の七里の渡しあたり）で水泳の訓練をした。しかし、海がだんだん埋め立てられ、僕の時は長浦まで行かねばならなかった。昭和三十年代までの長浦の海は、限りなく遠浅できれいな澄んだ海だった。大潮の時は泳げる所まで歩いて三十分はかかった。砂浜にはコンクリート製だが、赤い大タコが海水浴場の北と南に一匹ずつ居て、大タコ祭が開催された。今では石油やガスタンクの基地となり、あの美しい白砂青松の海は押し潰されてしまった。遠浅だからと言って、簡単に埋め立てて自然を破壊するのは実にけしからん。

閑話休題、普通は小学六年生くらいで五里の遠泳試験を受けるのだが、事情があって、僕は中学二年で受け、合格した。水練学校では観海流の古典泳法も少し学び、遠泳の試験も、百メートル、五百メートル、二千メートル、五千メートル、二万メートルの五段階がある。二万メートルは、朝八時に名古屋港から飛び込んで、午後四時に大野（常滑市）海岸に上がるという八時間の遠泳。飛び込む前

にワセリンを塗りこむ。ワセリンは水を弾くので疲れにくい。水鳥が脇《わき》の下の脂を羽根に塗り付けるのと同じ。知多半島を眺めながらの遠泳は景色が次第に変化して面白い。大型船舶航路のすぐ横を泳ぐので、約六十人の泳者の脇には、巡視艇二隻、漁船三隻、水練学校の船二隻が付く。真夏なので頭を出しての平泳ぎは、頭が異常に暑くなるので時折潜っては監視人に叱《しか》られる。また、塩水でのどが乾くため、氷砂糖を持って行き、なめながら泳ぐ。午前中は引き潮のため、それに乗って楽々と全体の四分の三を泳ぐが、午後は満ち潮のため進みにくく、悪戦苦闘しつつ残りの四分の一を泳ぐ。大野海岸に泳ぎついて海から上がった途端、浮力が無くなり、突然体が重くなる。しかし、ここには豚汁が用意されていて、水で冷えた体にはこよなくうれしい。何杯もお代わりをして、ようやく心も体も落ち着き、疲れからも少し解放される。

子どもの自主独立の精神を育てるのに、この水練学校は最適だったと思う。長時間の遠泳は、孤独で辛いが、これに耐えることで、不屈の精神を、とりあえず、養う事ができる。自然の中での訓練は、プールでは得られない自然との交流があり、より豊かな人間性を育てるきっかけになることは間違いない。

ところで、初夏から真夏に掛けて、よく「じゃこ」が出た。「しゃこ」ではない。「じゃこ」。

辞書には「雑魚《ざこ》」などとあるが、それは魚に対して失礼というもの。細かいものは「縮緬《ちりめん》じゃこ」。最近では名古屋でも「しらす（白子）」とか、「こうなご（小女子は当て字）」とか言われるようになったが、名古屋で「こうなご」と言えば体長五センチくらいのもの。わが家では「こうなご」を溜《たま》りで煮て食べたりしたがあまりうまくはなかった。同じものでも一〜二センチくらいのものは「じゃこ」。名古屋では、もともと「じゃこ」以外の言い方はしない。「じゃこ」は何と言っても、大根おろしを入れて酢溜りで食べることが多い。真っ白いやわらかい「じゃこ」が上物。「じゃこ」を山椒《しょう》の実と佃《つくだ》煮風に煮込んだものもあるが、僕はしょうがと煮込んだ方が好き。ちなみに、わが家では、酢溜り一辺倒、夏の暑い盛り、酢と大根おろしが効いて、麦飯（白いご飯など子どものころはめったにはお目に掛からなかった）がどんどん進んだ。（2003年5月）

うなぎと梅干し

「本日土用丑《うし》の日」と鰻《うなぎ》屋の戸口に貼ったところ次々と客が来たとは平賀源内の逸話だが確証はない（濱田義一郎『江戸たべもの歳時記』）。しかし、「近き頃《ころ》寒中丑の日に紅をはき（身につけ）、土用に入り、丑の日に鰻を食す。寒暑とも家毎《ごと》になす。安永、天明の頃よりはじまる」と『明和誌』にあり、源内のころには土用の日に鰻を食べていたことは確かだ。その「夏に鰻」は、早く『万葉集』巻一六にある。大伴家持《やかもち》が石麿《まろ》に、

石麿に吾物《われ》申《まお》す夏痩せに　よしと云《いう》物ぞ鰻《むなぎ》取り食《め》せ

と半分からかいながら忠告した歌だ。夏痩せには鰻が一番と言っているが、土用の丑の日とは言っていない。いつごろからか不明だが、土用の丑の日には、うどん、瓜《うり》など「う」のつくものを食べる習慣があったという（日本国語大辞典）。鰻も「う」がつく。土用の丑の日と、特に日を限って食べるようになったのは、江戸時代からだ。鰻を食べて精力をつけ、蒸

し暑い夏を乗り切ろうというところ。

僕が出演したテレビ番組、「北陸東海　文さんの味な旅」の中に「しょっぱい湖の青鰻」があった。三方五湖のうち海に一番近い久々子湖《くぐしこ》での天然鰻獲《と》り。三方五湖は五つの湖がすべて繋《つな》がっており、久々子湖で海と直接通じ、海水（塩水）と真水（淡水）が混じりあっている。久々子湖の塩分が一番高く、一番奥の三方湖は真水に近いが、汽水湖だから、天然の鰻や蜆《しじみ》が獲れる。

鰻は「青鰻」といって、表皮が、湖水の緑がかった青色に似せて青い。いわゆる保護色だ。ここの漁法は「筒漁」といって、少し太さの違う二本の筒（かつてはすべて竹筒だったが、今は塩化ビニール製が多い）を綱でからげて数メートルおきに湖底（水深二メートル）に沈めておくと、筒のような狭い細いところに入って寝る習慣の鰻が自然と入ってくる。えさは全く不要。それを水平にそーっと引き上げて、一気に網の中へトンッと入れる。筒を引き上げる途中で鰻に気が付かれると、スルッと逃

げられる。まさに鰻と人との知恵比べ。捕った鰻も釣針で傷ついていないから元気いっぱい。だからうまい。

ところで、三方五湖は梅の産地でもある。かつてはその地名から西田梅と言われていたが、「味な旅」に行ったころは、福井県なので、分かりやすく福井梅と呼ばれるようになっていた。梅林へは湖を船で渡っていく。陸を車で行くよりもこの方がずっと早い。「梅と鰻は食い合わせ」と言われているが、その両者が同じところで産されるのは面白い。

「味な旅」で、青梅・梅干しと鰻の蒲焼きをいっしょに食べて、食い合わせを試した。結果、腹はいたって元気で、何と言うこともなかった。むしろ、梅干しの酸っぱい塩味が、蒲焼きのくどさを緩和して、妙に合う。いくらでも食べられそうだった。ひょっとしたら、この食い合わせは、鰻の食べ過ぎを注意するものではなかったか。

閑話休題、わが家では、梅干しといえば、カリカリに干した、梅の果肉が種にほとんど張り付いた状態の、その周りに塩の結晶が浮き出ているものだった。その果肉を種から剥《は》がして、削り鰹《がつお》と一緒に、溜《たま》りをさっとつけてご飯に載せて食べた。おにぎりの芯もこれ。だから、果肉のやわらかい梅干しは、ぶたぶた（ぶよぶよ）で気持ちが悪いと感じていた。紫蘇《しそ》も相当乾いた状態だったが、こちらは少しはしっとりとしていた。これもおにぎりの芯だった。両方とも、熱いご飯で握れば、水分を吸い、食べごろの柔らかさに。といっても、あのぶたぶたの梅干しのようにはならなかった。そんなカリカリの梅干しは、わが家だけかと思っていたら、代々名古屋に住んでいる人たちから、うちもそうだったと言われ、意を強くしたが、全国区の梅干し研究家の倉にはないようだ。（２００３年7月）

「にわえ」はいいわえ

夕空晴れて　秋風吹き　月影落ちて　鈴虫鳴く

秋風が吹き出すと、いつも思い出される歌、「故郷の空」の一節。原歌は、

誰かさんと誰かさんが　麦畑　こっそりキスした　いいじゃないの

だそうだが、「故郷の空」の方が僕は好きだ。実にうまい作詞だ。昭和五十年代あたりまでの歌謡曲には、情緒豊かな、人々の心に訴えかける歌が多く出た。最近の、やたら大音量でガナルばかりの歌（といえるかどうか疑わしい）には辟易《へきえき》だ。情緒のカケラもない。

右の歌は、秋になると母親がよく歌ってくれた。故郷を遠く離れて暮らしているが、秋になって、何となく人恋しくなり、故郷の父母や友が懐かしく思われて、つい口を突いて出たといった心が巧みに歌われていて、子どもながらに、感動したものだ。秋と言えば、「里の秋」も懐かしい歌だ。「静かな静かな里の秋…」で始まるこの歌は、戦時中、戦地に赴いた父親の無事を祈りつつ、母と二人で留守を守っている歌だと知ったのは、大学生になってから

だった。高校のころ、夏休みも終わりに近くなって、宿題はやってないわ、夏休みはすぐ終わるわで、焦って、縁側に持ち出した机で大わらわの夕方、ツクツクボーシが鳴き、障子に夕日が赤く映ると、妙に心細い気持ちになったものだ。古今集は「風の音」だが、僕なんかは「ツクツクボーシの鳴き声にぞ」だった。日が短くなって、気温も徐々に下がってゆく空気が、何となく寂しさを誘う。

一方、秋はまた、天高く馬肥ゆるころでもあり、祭の季節でもある。夏の暑さから解放されて、食欲も自然と増す。この食欲にうまく対応するのが、実りの秋。松茸《まつたけ》、柿《かき》、栗《くり》、りんご、そして米などなど。これらの実りに対する神様への感謝が、すなわち秋祭。世の中、まことにうまくできている。初秋で、寂しさを感じさせておいて、すぐ、祭というにぎやかな催しが用意されているのだ。

このような季節の移ろいにかかわらず、常に食欲をそそるのが「にわえ」。正しくは「煮《に》和《あえ》」かと思うが、わが家では「にわえ」と言っていたような気がする。もっとも、子どものころの記憶なので、親たちも「にあえ」と言っていたのかもしれない。『日本国語大辞典』には、「いろいろの材料を炊き合わせたものか。＊料理物語（１６４３）一二『煮和（ニアエ）だしたまりよし、からざけのかわ、うすみも少し入、くろまめ・からかわ・梅干・田作り・

木くらげ・あんにん・ぎんなんなど入に候て、玉子のそぼろうはをきにしてよし、夏はさまして出し候也』」とし、青森県や岡山県では、「大根その他野菜、豆腐などを入れて煮たもの」を言うとある。ちなみに「からざけ」は「乾鮭《ざけ》」、「うすみ」は魚の腹部の薄い肉、「からかわ」は「辛皮」で山椒《しょう》の若い小枝の樹皮で薬用、香辛料にするもの。名古屋では、大根・人参《にんじん》・蓮根などを、長さ三〜四センチの薄い短冊切りにし、薄く切った油揚げ（あぶらげ）を加え、溜《たま》りと酢に少量の砂糖を加えて煮たもの。酢を加えて煮るところがミソ。さっぱりとして、しゃきしゃき感がある。最近のレポーターのよくいう「シャキシャキ感」のような、軽いものではない。しっとりとした中にもしゃきっとした舌触りがあるのだ。人参が特にその個性を発揮する。あの独特の匂いと、ほのかな甘みが好きだった。

『三人吉三《さ》』のお嬢吉三の台詞《せりふ》ではないが、「時節厭わず、にわえは、いいわえ」。（2003年8月）

秋の宝石「栗きんとん」

わが家には家宝の（と言うのは言い過ぎだが）常滑焼きの丸火鉢がある。もちろん朱泥であり、直径も高さも五十センチ程度のもので、側面には扇面の彫り物の絵がついている。僕はこれが子どもの時から、気に入っており、今も大事にしている。これは、親の知人で小栗さんという人が、わざわざ常滑から持ってきてくださったもので、当時、保育園児だった僕の目から見れば、とても大きな火鉢だった。今は、大きからず小さからず、手ごろな大きさなのだが。その大きく見えた火鉢の中をのぞいて驚いた。中に柿《かき》と栗《くり》がいっぱい入っていたからだ。小栗さんが柿色の火鉢に栗と柿を、などと下手な洒落《しゃれ》を言うつもりはないが、黄緑色の毬《いが》に包まれた栗を見たのはこれが初めて。柿はともかく、栗の毬は新鮮だった。

よく「くり（九里）より（四里）うまい十三里半」とさつま芋を言う。栗より四里うまいのだから十三里以上ということで十三里半。ただ、これは好みだから何とも言えないが、僕は栗の方がさつま芋より好きだ。栗のコリッとした感触が、うまさを引き上げる。栗は縄文

時代からの重要な食べ物だったという。『万葉集』の山上憶良の歌、
瓜《うり》はめば　子ども　思ほゆ　久利（くり）はめば　ましてしぬはゆ
瓜（黄瓜＝真桑瓜まくわうり）を食べると子らのことが思い出される。栗を食べると、なおさら思われる、という意味。歌中、なぜ「まして（なおさら）」なのかというと、当時栗が果実中最高の価格だったので、安物の瓜でもこれを子らに食べさせたいと思うのだが、最高級果実の栗ならなおさら食べさせたいと思うからである。

世の中の行事にも、栗節句・栗名月などがある。九月九日の重陽の節句は、菊酒をのんで長寿を祈るところから、菊の節句とも、また、近畿地方では、栗の贈答や栗飯を食べるので、栗節句とも言うそうだ。また、九月十三夜は、八月十五夜の芋名月に対して、栗名月・豆名月と言われる。わが家でも栗や豆を供えたり、栗ご飯を炊いたりした。

栗を題材にした芸能もいくつか有る。狂言では『栗焼』（太郎冠者が、お客をもてなそうと焼いた栗の、あまりのうまさに、つい全部食べてしまう話）、『勝栗（搗《かち》栗）』（京都の荘園領主に年貢として、大和の国のお百姓は大和柿と梨《なし》〈ありの実〉を、津の国のお百姓は円鏡

〈鏡餅〉と勝栗と野老《ところ》（ヤマイモによく似たもの。食用になる）を納めるが、その折、年貢にちなんだ歌を詠まされ、五首目に勝栗によそえた歌を詠んで、領主から褒められる話）がある。栗のうまさや、勝栗の名による縁起のよさを核としている。

栗の菓子は、栗粉餅・栗餅・栗ぜんざい・栗（蒸）羊羹《かん》・栗饅頭《まんじゅう》・栗きんとんなどがあるが、ご当地では茶巾《きん》絞りにした栗きんとんが最高。他地区のきんとんとは違って、栗百パーセントのきんとんだ。このような栗きんとんはよそにはないだろう。栗にも種類が色々あって、「国見」「有磨（ありま）」「利平」「筑波」。「銀寄（ぎんよせ）」。中でも「利平」が極上。以前、テレビで僕が案内役を務めた「当世テレビ膝《ひざ》栗毛」の『中津川』の巻で学んだ知識。利平は百本に一本の割でしかなく、稀少種。ちょっと黒っぽくて色艶《つや》が良く、味は最高。番組ではこの利平栗を使って、直径十センチほどの栗きんとんを作ったところ、周囲は仰天だったが、大きいことはいいことで、今まで食べた栗きんとんの中で一番うまかった。あまりの大きさに、番組の時間内では食べ終われず、わが家に土産となった次第。（2002年9月）

お十夜

秋も十月を迎えるとさすがに空気も澄み渡って、食欲増進となる。といっても僕の場合は、春は心地よい暖かさで、夏は暑さで、冬は寒さでいずれも食が進むので、あまり季節と食欲の増減は関係がない。

近松門左衛門の『心中天の網島《あみじま》』上の巻の「河庄《かわしょう》の段」で、紙屋治兵衛の恋人紀伊国屋小春のお客として河庄へやってきた侍に、小春がいきなり、

あのお侍様。おなじ死ぬる道にも、十夜の内に死んだ者は仏になると言ひますが、定《じょう》かいな。

と問いかける場がある。ここに言う十夜とは、浄土宗で、陰暦十月に、十日十夜にわたって行われる念仏法要で、お十夜と呼ばれている。お十夜は、一般には陰暦十月六日から十五日までの十日間。『真如堂縁起』によれば、京都の真如堂において、平貞国が願を立て、三日三夜参籠《ろう》し、剃髪《ていはつ》に及ぼうというとき、高僧が夢に現れ、「弥陀《みだ》の誓願により、来世は必ず救わ

れるので剃髪を三日待て」と告げられ、果たして三日後、家督を継ぐことに。そこで、引き続き七日七夜の念仏を修したのが起源とされる（仏教語大辞典）。この真如堂では、蛸《たこ》十夜と称して、お十夜の間、門前で蛸が売られ、この蛸を食べると疫病を免れられたという。前記小春の謂《いい》は、この故事に基づき、弥陀の救いにより成仏できると考えたのであろう。近代では、吉川英治の『鳴門秘帖』に「お十夜孫兵衛」なる主人公が登場する。いずれにしても、お十夜は、よく知られた、秋の主要な行事ではあった。安田家の菩提《ぼだい》寺（旦那《だんな》寺）の養林寺（浄土宗）でも、このお十夜中に「永代供養」が修され、永代経が読誦される。

ところで、このお十夜には、名古屋では、ぼた餅《もち》とのっぺ汁を食することになっている。養林寺では、お十夜の永代供養の後、ぼた餅が出される。わが家でも、旦那寺の永代経供養に合わせて、ぼた餅とのっぺ汁が作られる。一般に春のお彼岸にはぼた餅を、秋のお彼岸にはおはぎをとも言われるが、これは、春の牡丹《ぼたん》と秋の萩《はぎ》にちなんでいる。名古屋の家庭では、春に作ったとしても、ぼた餅。おはぎは、どちらかというと、饅頭《まんじゅう》屋や餅屋で作って売られているものを言う感があるが、実はおはぎは、萩の餅なる女房詞《ことば》（室町時代初め、御所などに仕える女房が使い始めたもの、上品で優雅とされる）である。諺《ことわざ》に「棚からぼた餅（略して「棚ぼた」）」というのがあるが、「棚からおはぎ」とは言わないのも、御所などでは、おはぎが棚からぼたっと落ちることなどなかったからであろう。お十夜にぼた餅という習慣は、名古屋で、いつごろから行われているのかはっきりしないが、十月十三日は御会式《おえしき》（日蓮《にちれん》上人の命日の法会）で、日蓮宗寺院では餅を供え、造花を飾るので、あるいはこの餅を供えるのとかかわりがあるのかもしれない。のっぺ汁は、里芋・人参《にんじん》・油揚げを大きめに切り、溜《たま》り仕立てのおつゆ（名古屋弁では「おつい」とも）にしたもの。ぼた餅の甘さと、のっぺ汁のしょっぱさがちょうどよく合って、いくらでも食べられた。（2000年8月）

どんど　焼き芋　秋葉さん

山茶花《さざんか》サザンカ　咲いた道　焚火《たきび》だ焚火だ　落ち葉焚き
あ〜たろうか　あたろうよ　霜焼けお手々が　もう痒《かゆ》い

冬になると暖かさが一番のご馳走。最近は、街角の落ち葉焚《た》きも霜焼けも、とんとお目にかかれなくなった。地球温暖化と、暖房機器・衣料の発展、ダイオキシンのせいだろう。焚火のことを名古屋では「どんど」という。『金鱗《こんりん》九十九《つくも》之塵《のちり》』巻第廿「広小路」の項に、

> 此街…万治三年（一六六〇）正月十四日片端《かたは》筋伏見町…より出火して…名古屋過半一時に灰塵と成りぬ、是世に万治の大火と云、又これを左義長火事とも云伝ふ…家々の門飾をもて、爆竹をなせし事とかや、されば此回禄（火の神、転じて火事で焼ける事）以後は市中に於てどんどをなす事かたく御停止と成しとぞ

とある。この後、焚火の事も「どんど」というようになった。ちなみに広小路が広くなったのはこの火事が原因。

十二月十五・十六日（旧暦では十一月）は秋葉山本宮秋葉神社の例大祭。秋葉の火祭りとして有名。かつて秋葉さんの本社本堂が兵火に罹《かか》った時、棟上から白水が流れ出し、火災を免れたといわれ、そこから霊験あらたかな火伏せの神として今に至っている。僕の生まれ育った熱田、旗屋町の氏神金比羅社の境内にも秋葉さんが祭ってある。本家の火祭りに合わせて、火祭りとはいかないが、ちょっと規模の大きいどんどをした。境内の空き地に落ち葉をうずたかく集め、火鎮のご祈祷《とう》の後、火を付ける。楽しみは、この時さつま芋を持ち寄って、思い思いの所に入れて焼くこと。火の調節が困難で、だいたいは芋の表面が真っ黒けになる。ところが、その炭になった芋の皮を剥《は》がす（取るなんて生やさしいものではない）と、黄ィなゃぁー（黄色がかった）焼き芋が顔を出す。これが、神様に対しては、まことに申し訳ないが、実にうまい。強い火力で焼いたからだろう。焼き芋がこんなにうまいとは、この時まで気が付かなかった。焼き芋といえば、普通、石焼きで、さつま芋の皮は紫がかった色が残っている。真っ黒けでは、売り物にならないし、また、そのように焼くのは、火力の点で難しいのだろう。家庭でも焼き芋はしょっちゅうやっていた。わが家では、昭和五十年ごろまで、風呂も竈《かまど》（名古屋では「くど」という）も焚きもん（焚き物＝薪《まき》）だったので、風呂の焚口の桟の下にさつま芋をいれて、風呂を焚けば、焼き芋ができる仕組みだ。秋葉さんのどんどほどではないが、相応にうまく焼けた。戦後間もない、昭和二十年代から三十年代前半、食べ物もお菓子も豊かでなかった時代、焼き芋はご馳走だった。

熱田にはこのあたりの秋葉さんの元とも言うべき、羽休秋葉《はやすめのあきば》と称する、秋葉の大社が、新宮坂の圓《えん》通寺にある。こちらは本家の秋葉神社に合わせて、十二月十六日に大祭があり、大護摩が焚かれ、火渡りの神事が行われる。焼けて熾《おき》になった護摩木の上を素足で渡って、災難除《よ》け、無病息災を祈るというもの。しかし、氏神での焼き芋もなかなかありがたく、焼き芋を食べて、災難除け、無病息災を祈るのもまた、意義深いと僕は今も思っている。（2003年9月）

すぶて

「難波《なにわ》の葦《あし》は伊勢の浜荻」とは古くから言われているが、これ、すなわち、ところ変われば名が変わることの例え。例えばメジロ、全国的にはアナゴで通っているのだが、名古屋ではメジロ。かつて僕はメジロしか知らなかったのだが、寿司《すし》屋に行って驚いた。どこの寿司屋でもアナゴなのだ。わが家でアナゴというのは実は鱧《はも》のことで、白焼きにして、幅五ミリ程度に骨切りをして、照り（寿司屋などでツメ＝煮詰めたの意＝といっている）を適当にかけて食べるもの。メジロは実は、名古屋地域だけでの呼び名であった。しかし、それならば、あえてメジロと言った方が名古屋の特色が出て良いと思われるのだが、寿司屋に聞いてみると、メジロでは、よそから来た客に分からないので標準的名称にしていると言う。かつて、テレビ番組でこのことを言ったら、後日、ある寿司屋さんから電話があって、「うちはよー、（先祖）代々メジロでやっとるでよー、いっぺん食べに来てちょーだゃあー」。ただ、残念なのは僕自身メジロがあまり得意ではないことだ。

さて、今回の「すぶて」だが、これを酢豚と早まってはいけない。分かりやすく言えば「締め鯖《さば》」「締め鰺《あじ》」の類に似ている。鰺や鯖を幅五ミリから七ミリ程度に薄く切って、酢に漬ける。これを半日か一日そのままにしておくと出来上がり。しょうがを刻んだものを同時に入れておく。これは生臭みを消すのに威力を発揮する。僕はこの「すぶて」が大好きで、子どものころからどんぶり一杯くらいはいつも食べていた。食べ方は、そのまま食べても良し、少し溜《たま》りをかけて、酢溜りで食べても良し。ただし、生々しいのは苦手で、よく酢のしみた、身が白くなったものが好みだった。「締め鯖」「締め鰺」も右に同じ。

ところで、「すぶて」なる言葉は名古屋でしか使っていないらしい。家内は東海市の出身だが、「すぶて」を知らなかった。ところが行きつけの寿司屋の板さん（名古屋南部出身）は知っていたので、この言葉と料理は、ごく狭い範囲の名古屋ものであることが判明。「すぶて」は「酢をぶつ（打つ）」ところから来ていると思われる。酢飯にするとき、「酢を打つ」、魚を塩焼きするとき「塩を打つ」などと言うが、それと同じ類。この「打つ」は、「投げ広げたり、撒《ま》いたりする」意で、「庭に水を打つ」なども同じ意。「すぶて」がいつごろからあったのか不明だが、おそらくは江戸時代に入ってからであろう。しかも、前記の板さんも、僕も海に近い名古屋南部とあって、おそらくは、漁師、あるいは魚屋の家庭料理ではなかったか。

名古屋発の料理は、よく知られたところで、古くは「きしめん」、最近では、鰻《うなぎ》の「櫃《ひつ》まぶし」とか、「味噌《みそ》煮込みうどん」、「味噌カツ」などがあるが、これはそういった特別なものではない。「酢漬け」あるいは「酢締め」といったものだが、僕はこの「すぶて」という言葉の響きと微妙な名古屋の味をぜひ残しておきたい。（１９９９年12月）

海鼠　海鼠腸　新四国

子どものころ、毎年春になるとわが家では、父と叔父が新四国参りに出かけた。位牌《はい》屋（木地師）職人だった父は、職人仲間を誘って出かけたものだ。知多半島の八十八箇寺を弘法大師の札所として、本家の四国の方を本四国、こちらを新四国という。知多四国霊場とも言っている。霊場創設は文政七年（一八二四）。四国の広さに比べたら、知多半島の広さなどものの数ではないが、そんな狭いところにこれほど多くの寺があるのは珍しい。寺院の数が日本一多いのが愛知県であることからすれば、さもありなんとうなずける。日本一信仰の厚いところなのだ。この父たちの新四国参りには、一つの楽しみがあった。土産に必ず海鼠腸《このわた》が来たから。子どものころから、なぜか海鼠《なまこ》・海鼠腸がとても好きだった。海鼠・海鼠腸といえば師崎が一番。『尾張名所図会』にも、

海鼠腸　大井村（知多郡南知多町大井）の名産にして、毎年国君（藩主）より朝廷及び将軍家へ御献上あり。其《その》製のはじめは、此《この》辺に持戒厳密の異僧ありしが、腸醤《しおから》を調和する

事を鍛錬し出《いだ》せしに、浦人腸《はらわた》を取り洗ひ浄め盤に入るれば、彼僧これを窺《うかが》ひ、腸の多少に随ひ、白塩《しお》を擦投すれば、浦人木篦《きへら》を以て攪均《かきなら》し、これを収むる事二三日にして嘗《な》むるに、美味最妙なりければ、終《つい》に本州（尾張）の名産となりしよし、「佳境遊覧」に見えたり。当郡すべてこれを製するといへども、此村及び師崎にて製するを最上品とす。

淡味の塩梅《あんばい》いはんかたなく、既酔の酒客、一点を啜《すす》る時は、又更に数盞《すうさん》を傾けしむ。実に比類なき名産なり。

とある。海鼠腸は延喜式にも調《みつぎ》（貢ぎ物）として記載のある古くからの食べ物。したがって、右の発明譚《たん》はいささか怪しげだが、当地が海鼠・海鼠腸の本場ならではの伝承と思われる。海鼠は古くは「こ」と呼んだ事が、『本草和名』に、〈海鼠　和名古《わみょうこ》〉とあることから分かる。だから生の「こ」で「なまこ」、「こ」の腸《わた》で「このわた」。海鼠・

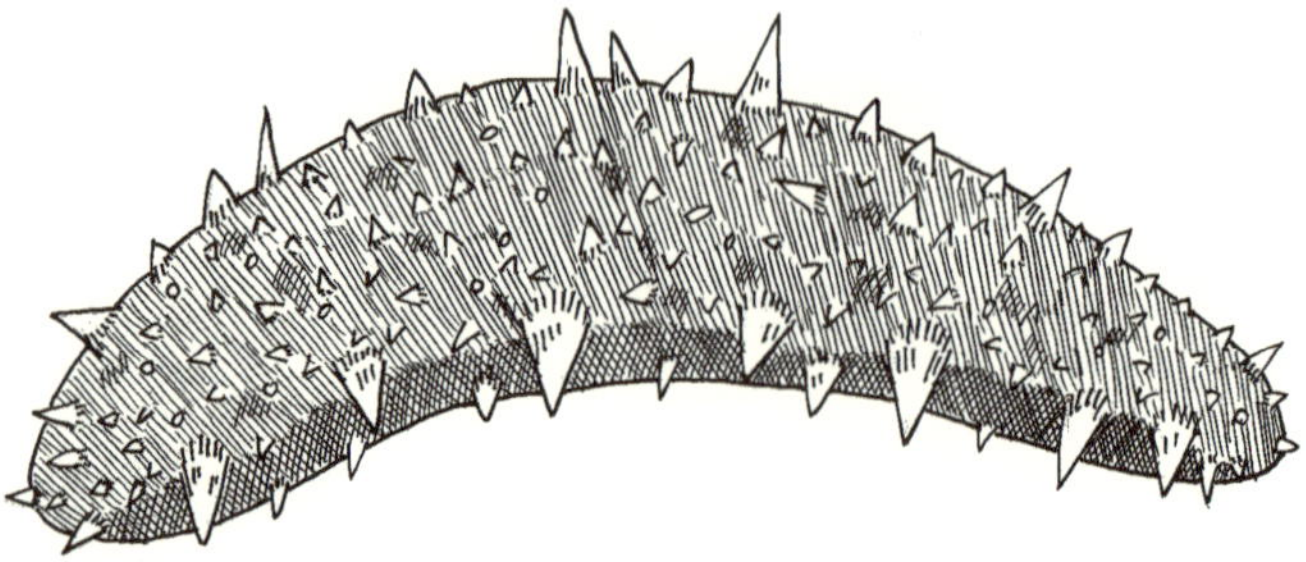

海鼠腸は冬が食べごろ。獲《と》り方からして文化だ。「拾い漁」といって、長い竹竿《ざお》の先に四本針をつけて、一人は手漕《こ》ぎ船を操り、もう一人は四角な箱形の水中眼鏡で海鼠を探し、見つけると針で引っかけて獲る。僕もやってみたのだが、海底には藻や似た色の石があって、海鼠を見つけるのが難しい。やっと見つけても、竿が船の動きにつれて流されるので、思うようには竿を動かせず、獲り損なう。船は船で獲りやすいように漕がねばならず、両者の呼吸をピッタリと合わせて初めてうまくいく。実に根気の要る漁法だ。海鼠と人の知恵比べで、うまく隠れたら海鼠の勝ち。最近はアクアラングなどを使って根こそぎ獲る輩《やから》もいるそうだが、これはけしからんことだ。古くから行われてきた自然との共生きこそ大切。

　わが家では海鼠は適当な厚さに切って酢ぶてにするのみ。これをバット(琺瑯《ほうろう》引きの平皿)いっぱいに作ってあるのをほとんど一人で食べてしまう。少しかけた溜《たま》りと酢がうまさを引き立てる。もっとも、テレビロケで訪れた師崎の奥村家でいただいた、アルミホイルに包んでの海鼠の蒸し焼きや茹《ゆ》で海鼠は、また新しい味の発見だった。海鼠腸は値が高いということで、めったには食べさせてもらえなかった。ある時ある家のお手伝いさんが主人の目を盗んで海鼠腸を一口食べたところ、急に主人から呼ばれたので慌てて海鼠腸を飲み込もうとしたが、あまりの長さに海鼠腸がのどにつかえて大騒動になったから、海鼠腸は決して内緒で

食べてはいかんぞと親からよく言われたものだった。（２００２年10月）

昼は白玉

白玉か何ぞと人の問ひしとき
　露と答えて消えなましものを

右は『伊勢物語』第六段の和歌。この白玉は、真珠とも考えられている。男（在原業平《ありわらのなりひら》らしき若者）が若い姫を連れて芥川《あくた》まで来たところ、にわかの夕立で、荒れ家に雨宿りをしながら、悪者が来ないよう表で見張っていたところ、家の中の姫が鬼にくわれてしまったので、嘆いて、あの時、姫が「あれ、なあに？」と聞いたとき「露です」と答えて、露のように二人で消えてしまっていたなら、こんな悲しいことはなかっただろうに、と悔やんだのである。この白玉は食べられない。でも、アコヤガイの貝柱の粕漬けは、結構うまい。

歌舞伎十八番の一つ『助六』に登場する助六の恋人揚巻花魁《おいらん》の朋輩で、駄々をこねる揚巻を何とか納めるのが白玉花魁。

白玉　これ〳〵揚巻さん、お前がそのように腹立てさんしては、両方ながら張合いづく

になって、お前の思わしゃんすお人が、どのような難儀になろうも知れぬぞえ……仲のよいわたしが頼みじゃわいな。

ここで、「両方」とは、揚巻と意休（実は平家方の武将伊賀平内左衛門で、助六の探す名刀友切丸を持つ）のこと。この白玉は花魁の名。白玉のように美しい花魁の意。

お染　ホンニまあ何ぞ土産と思うても急なこと、コレコレ女子衆、さもしけれどもこれなりと

〽夢にもそれと白玉か、露をふくさに包みのまま差し出せば

これは『新版歌祭文』（お染久松）「野崎村の場」で、お染が、久松の許嫁《いいなずけ》お光に、あいさつ代わりに白玉（露も同義）、つまり小粒銀（主に上方で使われた小形銀貨）を差し出す所。前述の『伊勢物語』の歌を踏まえた台詞《せりふ》になっている。

白玉といえば、このように文学、歌舞伎、浄瑠《る》璃《り》にもしばしば登場する。白く美しく輝く玉、真珠や露、涙などを表す語。「白玉椿」「白玉百合」など清楚《そ》でやさしい植物の名にもよく用いられている。食べ物として知られているのは白玉団子。餅《もち》米の粉、白玉粉を練った、

少し透明感のある真っ白な団子。汁粉などにも餅の代わりに入っていることもある。ところが「白玉うどん」なる語は国語辞典には収録されていない。

白玉うどん、茹《ゆ》でたうどん、生粋の名古屋人なら誰でも知っている。知らない人はいない。白玉なる語をご存じない方でも、駅のプラットホームの立ち食いうどんに使う茹でたうどんの塊と言えば、ははあと思い当たるであろう。僕も、子どものころ、お昼になると、お使いで、近所のうどんや（製麺《めん》屋）へ、白玉をよく買いに行ったものだ。長方形の切溜めに入った白玉を、五つばかり買うと、薄板で包んで新聞紙にくるむか、直接新聞紙に包んで渡してくれる。一玉十円くらいだっただろうか。製麺屋だから、機械打ちではあるが、生うどん（茹でてないもの）もある。うどんは打ち立てなら、手打ちにこだわらなくても、機械打ちでも十分にうまい。これを、わが家では、ゆつき（湯付き）にしたり、にかけ（煮掛け）にしたりして、しょっちゅう食べていた。おかげで、僕のうどん好きは、異常なほど。三度が三度、うどんでも構わない。あちこちで、うどん大好きと言っていたら、うどんをいっぱいいただくことになってしまい、わが家には年がら年中うどんが鎮座ましましている。（2004年2月）

めじろはめじろ

魚の名称は、土地によって異なることが多い。当地のメジロは一般にはアナゴ（穴子）と呼ばれる。小鳥にもメジロがあって、目白と書き、スズメ目メジロ科の小鳥で、眼の周囲が白く縁取られているので、この名がある。多くの目白が木に止まってピッタリとくっついて並んでいるのを「目白押し」という。

魚のメジロは、一筋縄ではいかない。正徳四年（一七一四）刊の『当流節用料理大全』には「めじろ　是はさし身うを也」とあり、宝暦三年（一七五三）刊の『篗纑輪（わくかせわ）』には「津走（つばす）　是鰤（ぶり）の至て小なる時、西土（西日本一帯）の方言つばす也。関東にてわかなごと云ふ。秋一尺ばかりなるを西土にてめじろ、二尺にちかきを魬（はまち）と呼ぶ」（日本国語大辞典）とある。また、神奈川では鮪《まぐろ》の一種を、山口では鰯《いわし》の小さいものを、熊野・志摩・浜名では鰻《うなぎ》を言う。確かに今も、関西では鰤の成長段階でメジロと呼ぶ時期がある。ところが当地では穴子を指してメジロと呼ぶ。メジロなる呼称は、鰤も穴子も、小鳥のメジロよろしく、目の周囲が白いからではないか。一方、穴子は、穴に住むからとも考えられる。

　この辺りでメジロといえば知多の若松のものがうまいとされているが、かつて、テレビ番組の取材で、伊勢湾のメジロ漁に行った。メジロ漁は手釣り、延縄《はえなわ》、底引き、打瀬《うたせ》網などがある。一番いいのは手釣りだが、最近は底引きで獲《と》る事が多いそうだ。僕の時も底引きだったが、夕方日没とともに漁に出かけ、漁場に着くのが夜十時くらい。それから網を入れて、引っ張り、引き上げる。これを朝まで繰り返すのだが、実に体力の要る仕事だ。網には工夫があって、三つの網があり、それぞれ網目の大きな、容量も大きな網、中くらいの網、網目も容量も小さな網が付いている。スズキ、エイ、タコなどは大きな網に、メジロや小さな海老《えび》などは小さな網に自然と分類されて入ってくる。ただ、底引き網なので、海底の魚類は、ほとんど根こそぎ網に入ってしまうから、一度網を上

げて中身を出すと大変。メジロの方はすぐに船底の生簀《いけす》に納められるが、大きな網の方は、雑魚やヒトデがいっぱい入っていて、食べられるもの、食べられないものを分けるのが重労働。とくにエイには尻尾《しっぽ》に毒針が付いていて、これに刺されると大の男でも我慢できないそうだ。この船上で、獲れ立ての、メジロのぶつ切りとイイダコを丸々一つごと入れたおつけがとてもうまかった。

メジロの料理について、現在判明している最古の文献は、中世から近世初期にかけて書かれた宮中の女官の日誌『御湯殿上日記《おゆどののうえにっき》』で、その天文九年（一五四〇）八月十四日の記事に「あんせんし殿（未詳）よりあな御やきまいる」（日本国語大辞典）とある。メジロは焼いて食べたらしい。もっとも京都なので、干物だったかとも思われる。

ここまでメジロをあれこれ見てきたが、僕は苦手。それは幼児体験が災いしている。名古屋では、お祭には必ず、巻き寿司《ずし》、油揚げ寿司を作る。所によっては押し寿司も。わが家では、料理は母の姉がすべて作っていたが、この伯母《おば》の好みで、メジロの煮方がいつも生々しいものだったからだ。だからちょっと生臭い匂《にお》いがしたが、巻き寿司の芯に必ず入っているので食べないわけにはいかず、もっとも、芯には卵焼き、蒲鉾《かまぼこ》、椎茸《しいたけ》、干瓢《かんぴょう》など入っているので、まずメジロの入っている側から食べて、その後、口直しを兼ねて椎茸や干瓢など味付けの濃いものを食べる。こんな事を数十年やってくるとメジロは嫌いだとなる。今でも食べられないことはないけれどできればご遠慮したい。（２００４年10月）

第3章

名古屋ごはん

つぼどん　つぼどん

つぼどん　つぼどん
お彼岸まゃぁりに
行か（行かゃぁ）せんか
カラスという　黒鳥が
足をつつき　目をつつき
それで　ようまゃぁ（参）らんわゃぁーも

三月三日は上巳《し》の節句、江戸時代、この日一日だけ登るのを許された山？が熱田にある。鷲峯《だんぷ》山だ。ここは日本武尊《やまとたけるのみこと》の妃《きさき》となった宮簀姫《みやずひめ》（尾張師介ことヲトヨノミコトの娘）のお墓であると言われてきたが、最近の調査研究で、継体天皇の義父尾張連草香の墳墓である可能性が高いことが分かったそうだ。今は周囲に縄が張られて登ってはいけないことになっているが、僕が子どものころには、自由に登ったり駆け下りたり、絶好の遊び場だった。犬の散歩にも毎日のように行った。古いだけあって、巨木が多い。楠《くすのき》、椿《つばき》、山茶花《さざんか》、銀杏《いちょう》など、四季それぞれに美しい葉や花の姿が楽しめる。今ごろは椿がよく花を付けているころだ。

山の頂上からの眺めが、またいい。南右手の白鳥御陵、左手の熱田神宮、西の堀川・貯木場、はるか名古屋港・鈴鹿の山、西北の伊吹山などが一望できる。江戸時代は伊勢湾までずっと見通せたそうだ。日常、なぜここに登れなかったのかは明らかではないが、『尾張名所図会』には、三月三日に、人々がこぞってこの山に登って、眺望を楽しんだ絵が描かれている。最近は、熱田、白鳥《しろとり》と言えば、国際会議場（センチュリーホール）や白鳥庭園。ちょっと前なら、世界デザイン博、ずーっと前からは高校野球で知られた熱田球場。

閑話休題、お雛《ひな》さま。僕は男の子の一人っ子だったから、五月人形飾りはあっても雛人形飾りはなかった。そのお雛さまにお供えするもののう

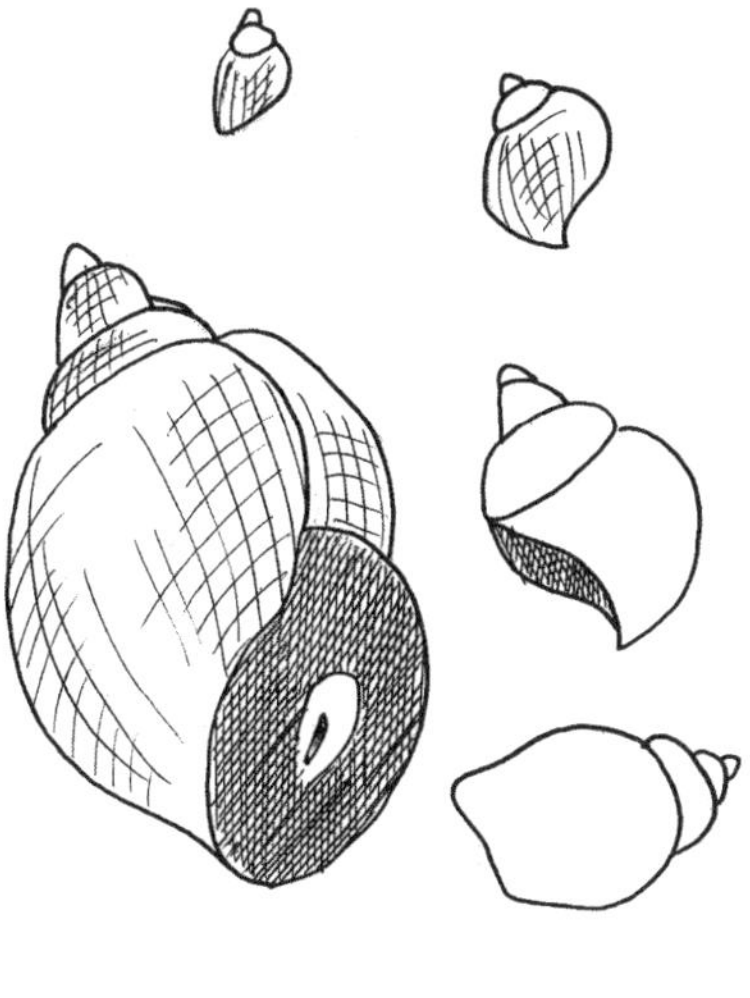

ち、おしもん（おこしもの）は、（36ページ）に書いたが、もう一つのお供え物が、ツボとワケギ（分葱）をゆでて酢味噌《みそ》で和えたものだ。冒頭の歌は、幼少のみぎり、親や親せきの伯母様が、お雛さまやお彼岸のお中日《ちゅうにち》によく歌ってくれた歌。節もよく覚えている。ツボは烏《からす》の好物なのだろうか。ともあれこの季節、ツボ（タニシ）が一番うまい時なのだろう。

僕はツボをとったことはないが、家内の実家の東海市の方では、昔はこの時分になると、子どもが田んぼでツボをよく獲っていたということだ。丸い柄杓《ひしゃく》の底に穴をいくつか開け、柄を長くして、田中のツボをすくい上げて獲ったとのこと。ちょうど雛祭りのころになると、田んぼの水も温《ぬる》んできて、おたまじゃくしやメダカ、ツボなどが泥や水草の蔭から顔を出す。畑には早春の野菜、ワケギが青々と育つ。この二つを合わせた季節の味を、お雛さまと共に味わうというわけである。

農薬が発達してから、田んぼの生き物がすっかり影を潜め、ツボ獲りもできなくなってしまった。近年も、雛祭りになると、ツボを買ってきて同じものを作ってみるが、家内に言わせると、全く味が違うという。子どものころ、田んぼで獲ったツボは本当においしかったそうだ。やはり、自然のもの、新鮮なものには勝てないということか。実は、家内の田舎には僕も小さいころからよく遊びに行っていたのに、そのうまいツボを食べずじまいになってしまった。

まったのは、実に残念。

しかし、短円筒形で半分白く半分黒いツボは、何とも不思議な食べ物ではある。（2002年1月）

春のうなぎ①

春になれば　しが（氷）こもとけて
どじょっこだの　ふなっこだの
夜があけたと　おもうべな

（童謡「どじょっこふなっこ」）

早春の山里。田んぼの薄氷が溶けて、寒さに凍えていた生き物が動き出す。どじょうと鮒《ふな》が歌われているが、鰻《うなぎ》とて同じだろう。夜が明けたと思って顔を出した。まだ動きは鈍かろう。捕らえるのも簡単か。とはいえ、目覚めてすぐの鰻を食べるのはちょっと気の毒かと。

また、鰻屋に聞けば、冬の間動いていない分、泥を吐き出す力も弱くて泥臭いとか。

石麻呂《いし》に我物申す夏痩せに良しといふものそ鰻捕り喫《め》せ
痩す痩すも生けらばあらむをはたやはた鰻を捕ると川に流るな

これは「万葉集」巻十六に見える大伴家持の歌だが、痩せた石麻呂に、夏痩せには鰻がよいから食べよ。ただし、鰻を捕るときに川に流されるなとからかったものである。万葉の昔から鰻は栄養のあるもの、夏痩せにぴったりと知られていたのだ。江戸時代には、平賀源内が、この歌を利用して、

土用の丑《うし》の日、うなぎの日。食すれば夏負けすることなし

と、鰻を勧めるキャッチコピーを書いたのはつとに有名。鰻はやっぱり夏のもの。季節外れだが、ここでちょっと鰻談義をしよう。

鰻料理は基本的には蒲焼《かば》き。これを背開きにするか腹開きにするか、江戸では背、上方は腹。名古屋も腹。江戸時代、腹を切るのは切腹を思わせ、武士が嫌ったので、背開きにしたという。魚類を調理する時、まずは腹を開いて臓物を取り出すのだから、鰻も腹を開いたのが元だったと思われる。ちなみに腹開きの方は、腹を割って話をするの意があるそうだ。さらに、背・腹開きの境界は浜松・豊橋辺りとされる。

『守貞謾稿（近世風俗志）』をひもといたところ、

鰻屋　古は鰻蒲焼と云ふ名のあるは、鰻を筒ぎりにして串にさし焼きしなり。形蒲穂《がまのほ》に似たる故の名なり。今世も三都とも名は蒲焼と称すれども、その製異にして名に合はず。京坂は背より裂きて中骨を去り、首尾のまゝ鉄串三、五本を横に刺し、醤油《しょうゆ》に諸白

酒を加えたるをつけてこれを焼き、その後首尾を去り、また串も抜き去り、よきほど斬りて大平椀に納れ出す。（中略）

江戸は腹より裂きて中骨および首尾を去り、能きほどに斬りて小竹串を一斬れ二本づゝ横に貫き、醤油に味醂《みりん》酒を加へ、これを付けて焼き、磁器の平皿をもつてこれを出す。

とあった。これによれば、今言われていることは、全く逆になる。『守貞謾稿』の著者喜多川守貞は、本姓石原氏、文化七年（一八一〇）大坂生まれ、天保十一年（一八四〇）江戸に移って（天保八年には江戸深川に閑居）、北川家の養子（筆名喜多川はここから）となった。『守貞謾稿』は、天保八年ころから幕末までかけて、自身で見聞したことを中心に、近世末の風俗を、自身の考証を加え慎重に記したもの。したがって、信ぴょう性は高い。とすれば、いつ、どの辺りで、調理法が逆になったのか。腹開きだと柔らかくて串を打つのが難しいそうだ。関東では蒸しが入るので、特に柔らかくなってしまう。だから、実は逆になったのではなくて、もともと腹開きだったのが、背開きに代わってしまった。それを武士の切腹と結びつけて、もっともらしく説明したのではないか。京坂は一度背開きに変わったが、こちらは白焼きなので堅いから、もとの腹開きに戻ったのだとすれば、成り立つ説ではある。

焼き方も、上方は、鰻を一匹なりに金串を刺して白焼きし、タレを付け焼きした後、頭と尾を切り取り適当に切って出す。江戸は初めから頭と尾を切り取り、適当に切って小竹串に刺し、焼いて蒸してタレを付けて焼く。全く逆なのに驚く。タレも、上方は醤油《しょうゆ》に諸白《もろはく》酒、江戸は醤油に味醂酒。諸白は近世初期奈良で作り出された酒で上方には縁が深い。味醂は江戸で調味料として広く用いられていた。（2005年1月）

春のうなぎ②

かつて名古屋に蒲焼《かば》町なる町があった。広小路通より一本北、東は大津通、西は御幸本町通まで。と言っても今となっては分かりにくい。錦通の栄から本町通までならお分かりいただけるかと思う。蒲焼町から、北へは東本重町、東袋町、宮町、桜ノ町《さくらんちょう》（桜通）となる。昭和四十一年三月三十日に実施された新住居表示でこれらの由緒ある町名は消失、現在はこれらの内いくつかが通りの名として復活したが、蒲焼町通と言うのはない。名前には必ず由来由緒がある。人の名に一番などとは付けないように、町の名だって錦一丁目一番一号など数字の羅列では気の毒。広小路通も、東へ覚王山通、末盛通、東山通と、分かりやすい良い名が付いていたのに、今はどこまで行っても広小路。根生《ねおい》の名古屋人としては実に寂しい限りだ。

ところで、蒲焼町。『名古屋市史』には、

むかし蒲焼町と云ひしは此町筋の總名なり……慶長築城の際に、此所茶店煮賣酒肴などを商賣するもの多く住み、蒲焼を賣る家など立ち竝びしより、蒲焼町と云へるなりと、又た一説に、櫻の皮を焼きて、色々の細工を爲しゝ職人の住みしより、「かんばやき」町から云ひしなりとも云ふ、此両説いづれが是なりや判ずる能はず……

とある。そもそも蒲焼きの言葉は、『鈴鹿家記《すずかかき》』応永六年（一三九九）六月十日条「上座敷十四人朝振舞…鱣かは焼き、鮒すし、かまぼこ…」が古い。が、「鱣《せん》」は「ウミヘビ」の意で鰻ではない。あるいは「鰻」と間違えたか。十六世紀後半の『大草家料理書』には「宇治丸かばやきの事、丸にあぶりて後に切るなり、醤油と酒と交て付る也」とあって、タレにも言及している。醤油《しょうゆ》が文献に見られ始めるのもこのころ。したがって名古屋城築城のころ（一六一五～一六一九）、蒲焼きが名古屋になかったとはいえない。ただ鰻なのか鯰《なまず》なのかは不明。

蒲焼きについては、享保十九年（一七三四）刊『本朝世事談記』には「鰻をやく加減、紅黒の色なるころをよしとす。其色その形ともに樺皮に似たるを以て名とす」とあり、文化十一年（一八一四）～十二年刊『骨董《とう》集』には、樺《かば》の皮に似ているとの説を「不稽《けい》（でたらめ）の説」と非難し、「新猿楽記に、香疾《かばやき》大根といふ名見えたり。こはかうばしき香の疾《はや》く他《ひと》の鼻に入の謂なるべければ…鰻鱺《うなぎ》を焼るほど香疾ものは又あるべからず…」とある。文政元年（一八一八）刊『瓦礫《がれき》雑考』には「鰻鱺のかばやきは…香疾の意なり…は誤なり、又雍州府

（京都府）志の鰻鱺の条に…宇治川の取る所亦美なり、その肥大なるを以て宇治丸と称《い》ふ…（蒲焼を樺皮に似ているからの説は）みだりなる臆説なり、かばやきは蒲鉾の形によりて名付たる也…蒲の穂を蒲鉾といふ、魚肉のかまぼこといふものは、もと蒲の穂にかたどりて造り焼てくひたる物也、今は板につけたるを蒲鉾といひ…」とある。この説が一番もっともらしい。

さて、名古屋名物「櫃《ひつ》まぶし」。「まぶし」なる語は『守貞謾《まん》稿（近世風俗志）』に、「鰻飯京坂にてまぶし、江戸にてどんぶりと云ふ」とあり、その丼の代わりにお櫃《ひつ》を用いたのが櫃まぶし。小さなお櫃に飯を入れ真ん中に細切りにした鰻を敷き、さらに飯を入れその上に細切りにした鰻を敷いて出来上がり。最初から鰻と飯をかき混ぜて中くらいのお櫃に入れて出す店もある。薬味も色々、食べ方も色々。薬味には細切りのり、山葵《わさび》、朝葱《あさつき》など。これらを最初からかけて食べるか、別々にかけて食べるか、また、お茶漬けにするか、だし汁をかけて食べるか、その人のお好み次第。

いつごろから櫃まぶしなるものが現れたかは不明だが、名古屋では明治の初めごろと言われる。大体細く刻んで食べると言うのは、もともと鰻が育ちすぎて普通の長焼きなどでは強《こわ》くて食べられず、かといって捨てるのはもったいないと、工夫したのが櫃まぶしではなかっ

たか。何事も大切にする名古屋人気質がここでもうかがわれる。（２００５年２月）

宗春弁当

『夢の跡』（広小路神明社〈現　朝日神社〉から本町通りを南下、大木戸〈現　古渡二丁目交差点あたり〉までを中心に当時の名古屋城下の繁華を記した案内書）によると、享元《きょうげん》期（七代藩主徳川宗春治世）の若宮八幡宮の門前には、

> 宮門前に蔦《つた》屋、中屋、美濃屋とて、温飩《うどん》、酒、肴《さかな》、奈良茶、田楽、貸し座敷の茶屋あり。いろは屋喜三が当流しっぽくの風流、芝居の弁当、……どぜう汁、赤味噌《みそ》の田楽にてもてなす。岩藤屋のうなぎのくさずり焼。若松屋、美濃屋、同じ見世付き、奈良茶、蛸、鯰、芋の串刺し、焼き海老、酒と蒲焼、この辺りの風流……

と、おいしそうな、思わず手が出そうな食べ物の店が立ち並んでいた。ちなみに、「奈良茶」とは「薄く入れた煎《せん》茶でたいた塩味の飯に濃く入れた茶をかけて食べるもの」、「赤味噌」は尾張・三河のみで用いられる豆味噌、「うなぎのくさずり焼」は、蒲焼鰻《かばやきうなぎ》を鎧の草摺《くさず》り様に切り込みをいれたもの。この他、『夢の跡』には、蕎麦《そば》切り、色紙焼き（五色の麩《ふ》を焼いたも

の)、御手洗団子《みたらしだんご》、あわ雪豆腐(寄せ豆腐様のものか)、餡焼《あんや》き、いさご餅《もち》、祇園《ぎおん》豆腐(串に刺して焼いた豆腐に練り味噌を塗って道明寺粉をかけた田楽)、大丸餅、姫まんじゅう、あこや菓子(真珠のような小さな米の粉団子)など、また『遊女濃安都《ゆめのあと》』(宗春治世のありようを編年体で記したもの)には、「木の芽田楽」「幾世餅《いくよ》」「赤福餅」「姥《うば》が餅」「御手洗団子」などが挙げられている。「赤福餅」には「伊勢の国より飛び来たりて……さとう沢山に入るなり」と説明。この「赤福餅」を売る店の看板に、上から「餅くふかあ」と書いてあったそうだ。下から読めば「あかふく餅」。餅を食べるか、それなら赤福餅と、何と気がきいたキャッチコピー。それにしても砂糖がまだ珍しかった時代ではあった。「御手洗団子」は「……小指の先程にして醤油を付け焼き、きれいなる形なり」と、今私たちが知っているものよりかなり小ぶりの団子であった。また、蒟蒻《こんにゃく》売りが「煮えました、煮えました」と、夜、町々を大声で売り歩いたが、火の元が悪いと言うことで一年で停止になったと『遊女濃安都』にある。

宗春の時代の食べ物は、実に豊かだった。この中には、京・大坂や江戸から、にぎやかな名古屋の町に乗り込んできたものも多かったが、おそらく、それらには名古屋人好みの味付けが加えられたろう。例えば、赤味噌味と溜《たま》り味。赤い豆味噌とそれから絞った溜りは、名古屋の味の基本といってもよいものだ。享元期の名古屋は、全国から集まってきた人々に、味の面でも多彩で、ぜいたくなものを提供し、舌を楽しませたのである。この宗春時代の食文化を凝縮したのが「宗春弁当」。そのメニューは「赤味噌の田楽・木の芽田楽（山椒の出葉と麹《こうじ》味噌を使用）・鮎《あゆ》塩焼・鰻の草ずり焼・鯱《しゃち》姿焼海老（海老に栗《くり》粉を詰めて焼いて金鯱を型取る）・鴨《かも》味噌漬・金時豆茶巾絞り・蛸・鯰・芋の串刺し・宮重大根《みやしげだいこん》・皮茸《かわたけ》・蒟蒻の煮付け・淡雪豆腐（寄せ豆腐）・五平餅・菜飯（宗春の好物）・瓜漬・西瓜・姫まんじゅう・大丸餅・あこや菓子・吸物そばきり」。この「宗春弁当」は徳川美術館（名古屋市東区）で食べられる（要予約）。（2001年6月）

ひきずり　七輪

魚の名でも花の名でも遊びの名でも、その土地土地で異なることがある。例えば、「しょうや」。東京地方では「メンコ」と言っているらしい。「かっちん玉」は同様に「ビー玉」らしい。最近の新聞記事やテレビでは、名古屋版でも「しょうや」「かっちん玉」とは言わずに、「メンコ」「ビー玉」と言い、さらに「昔懐かしい」の冠辞が付く。僕らのようにしょうや・かっちん玉で育った者にとってはメンコ・ビー玉と言われても何の感動もない。こういうことが地域文化を台無しにしていくことになる。

今年の夏は異常と言うよりほか表現する言葉がない。地球が、人間のあまりの身勝手さにとうとう切れてしまったのだろうか。頑強なはずの僕も、七月末の取材で知立周辺の旧跡を訪ねたとき、ついに熱中症にかかりかけた。その夏もようやく終わり、待望の涼しい秋が。夏に失われたスタミナを取り戻すにはやはり鍋《なべ》物が一番。中でも「ひきずり」がよい。この「ひきずり」、よそでは「すきやき」。名古屋ではかつて「すきやき」などとは決して言わな

かった。わが家でももちろん「ひきずり」で、学生になって初めて「ひきずり」が「すきやき」と同じものであると知った。

「ひきずり」の語源はと言うと、①昔は、牛は高級なので、かしわの「かわきも」などを材料とし、それを切る包丁も切れ味の悪いものを使うので、皮が十分に切れておらず、ひきずり鍋から一切れ持ち上げるとぞろぞろとつながって上がってきてしまうので引きずることから②ひきずりに入れる「ねぶか（葱《ねぎ》）」が同様に十分に切れていないので上がってきてしまうから③田舎で若者が今夜はひきずりやろまゃぁということになると近所の農家の庭先で鶏を一羽失敬してくるので堂々と手に持って歩くわけにいかず、後ろに隠してそっと引きずって持ってくるから、などの諸説があるが、どれもほとんど当てにならない。しかし、客人があると飼っている鶏をシメてひきずりでもてなしたのは事実。

このひきずりの味付けは溜《たま》りと砂糖。火はガスではなく七輪に炭(備長炭《びっちょうたん》などではなく近所の炭屋で売っている安価なもの)。真ん中に七輪を入れるように丸い穴を切った丸い飯台《はんだい》(食卓)に七輪を入れ、炭をおこし、ひきずり鍋を置いて、鍋がしっかりと熱くなったら、まず脂(白い固形の)を鍋にひいて、次に蒟蒻《こんにゃく》を十分炒めて、溜りを注ぐ、この時のじゅーっという音と湯気がたまらなくうまそうに感じられる。そして砂糖、これも十分に入れないとうまくない。砂糖を入れない地域もあるようだが。肉はかしわ(鶏肉)中心で牛や豚肉は幼いときの記憶にない。生卵をつけて食べるなどと言ったぜいたくはなかったが、一番のごっつぉうだった。(2001年7月)

助六寿司は名古屋発

ヤイ野郎め、なぜ突き当たった、大溝《どぶ》へ浚《され》え込み、鼻の穴へ屋形舟を蹴《け》込むぞ！

こりゃまた何のこった……

歌舞伎の代表的な演目『助六』、本名題『助六由縁江戸桜《すけろくゆかりのえどさくら》』の一場面。養父が紛失して難儀を受けている源氏の重宝友切丸を探すために、遊び人に身をやつして廓《くるわ》に潜入、けんかを売っては刀を抜かせて、詮議していた。右はそのけんかの売り言葉。

夜桜の美しい吉原仲の町、紅殻格子の三浦屋の店先を舞台に、黒羽二重の小袖の着流しに一つ印篭、尺八を後ろに差し、頭に江戸紫のちりめんの鉢巻を右に結び、下駄に蛇の目傘の助六が活躍する話だ。黒小袖の裏は白、その下に赤い下着を着る。花道から登場した助六が、花道の七三「ひちさん」で本舞台から三、花道鳥居口から七のところ（名古屋以西はひちと読むのが普通）で、傘を掲げて見得を切った時の形や色のバランスは実に見事だ。歌舞伎の作りだした型の傑作である。

ところで、寿司《すし》屋のメニューにも「助六」というのがある。あぶらげ寿司（稲荷《いなり》寿司、揚げ寿司）と巻き寿司（太巻き）を組合わせた、その店でもっとも安価なセットメニュー。名古屋では、通夜の席には欠かせない精進のメニューでもある。このセットメニューをなぜ「助六」というのか。寿司屋に行って、「あぶらげ寿司と巻き寿司をくれ」と注文してもよいが、それではあまりにも野暮なので、あぶらげ寿司と巻き寿司、すなわち揚げと巻き、揚巻と洒落《しゃれ》て、相棒の助六に一役買わせ、「助六をくれ」と注文すると、恋人の揚巻が出てくるという趣向。

これは、助六を愛した江戸っ子の洒落かと思ったら、東京では、最近までこのセットメニューはなかったし、大阪でも、このメニューのある店とない店の割合は半々だったそうだ。京都には、助六の見得を切る姿を刷り込んだ包み紙で、このセットメニューを売る店があるが、ここも歴史

は浅いらしい。ところが名古屋では、誰でもこのセットメニューを知っているし、大方の寿司屋で実際に出している。ただ、江戸前の格式を誇る店、大将が名古屋人でない店にはないことが多い。揚げ寿司は、天保より以前に名古屋で生まれた寿司といわれ、また、巻き寿司も名古屋の一般家庭では太巻きが常識。

故鬼頭章夫さん、と言ってもお分かりになる方は少ないと思うが、柳橋にあった「廣寿司本店二代目店主」といえばうなずく人も多いと思う。団十郎張りの目のギョロリとしたその大将の話に、昔、四代目助高屋高助（五代目澤村宗十郎の長男）が、夏の暑い盛りに、熱田の芝居小屋で『助六』を演じた時、ひいきが、夏場なので、生の寿司は避けて、あぶらげ寿司と巻き寿司を差し入れたところ、紀伊国屋（高助）が「オオ、こりゃ助六だな」と言ったのが始まりだ、というのを聞いた。元来芝居好きな大将の話だけに、大いに信頼できる。そう言えば、次男の店には、中村勘三郎・勘九郎親子の『連獅子』の押隈《おしぐま》が飾ってある。

この話の裏付けはまだ取っていないが、火事では一番燃えているところが出火場所と聞く。火のないところに煙は立たぬ。江戸でも上方でもなじみの薄い「助六」寿司。誰もが知っていて、しょっちゅう食べている名古屋。この辺りから、あぶらげ寿司と巻き寿司のセットを「助六」と言うのは名古屋発である、と僕は確信する。四代目助高屋高助は江戸歌舞伎の名門、紀伊国屋、もちろん江戸生まれ。言い出しっぺがこの人だとすれば、江戸っ子らしい洒落ではないか。だが、この洒落を、早速受け入れた名古屋人もなかなか洒落っ気があったというものだ。こんな名古屋発の洒落は案外多いかもしれない。（２００２年６月）

せんじの夏

名古屋弁の特色の一つは、江戸時代には共通語だった言葉がいまだに生きていることだ。いわく、「ずつなゃぁ（苦しい）」「ちょうらかす（あやす）」「こわゃぁ（堅い）」「おいてちょうだゃぁ（止めてください）」「ごまゃぁすばせ（ごめん遊ばせ）」「おつけ（御味御《おみお》付または御御御《おみお》付＝味噌《みそ》汁）」「たわけ（愚か者）」などなど。近松門左衛門の浄瑠璃・歌舞伎や初代市川團十郎の歌舞伎にも、今は名古屋弁にしか残っていない言葉がしばしば出てくる。しかし、名古屋独自のものも多くある。「めじろ（あなご）」「しょうや（めんこ）」「かっちんだま（ビー玉）」などなど。この内の一つに「せんじ」がある。

子どものころは、夏になると、昆虫採りに汗びっしょり。夏場の昆虫採りの舞台は、熱田神宮境内、熱田神宮公園内鶯峯山《だんぷざん》（断夫山）、貯木場（今の白鳥《しろとり》庭園）、高蔵神社境内、それと自宅裏の春養寺・想念寺境内。せみは、ぐーま（熊蝉）、あーぶら（あぶら蝉）、ちーちー（にいにい蝉）、ツクツクボーシ。その他、弁慶（くわがた虫）、カブト虫、かみ切り虫に、ヤンマ（銀ヤンマ）。夏の空にもくもくと入道雲が立ち上り、麦わら帽子をかぶっていても日焼けするような勢い。冷たいものがいくらでも欲しかった。そんな時は、井戸で冷やした西《すい》瓜《か》（当時は氷冷蔵庫でも一般家庭には珍しかった）、八百屋で買ってくるラムネ、そしてかき氷。

かき氷は近所の駄菓子屋で売っていた。駄菓子屋は、駄菓子以外に、夏はかき氷、冬はおでん（名古屋名物味噌おでん）を売る店が多かった。昭和二十年代、氷と言えば、断然「せんじ」（かき氷に砂糖水をかけただけのシンプルなもの）。このほかに、氷いちご、宇治、金時、宇治金時。この後、レモン、メロン、ミルク（練乳かけ）が加わった。葭簀《よしず》掛けの駄菓子屋の床几《しょうざ》（長腰掛け）に腰掛けて、ガラスの鉢に入ったかき氷を一口食べると汗がすーっと引いてゆく感じがした。しかし、何も駄菓子屋で食べるばかりが能ではない。わが家では、丼を持って駄菓子屋へ行き、丼いっぱいにかき氷を入れて、砂糖水を掛けてもらって、家に飛んで帰り、家族で分けて食べたものだ。一家団欒《らん》で食べる

のもまたいい。

ところで「せんじ」。かき氷としてはもっとも基本的なものだが、名古屋にしかない言い方で、東京では「すい」、関西では「みぞれ」。「すい」は氷水を「こおりすい」といい、略して「すい」という。名古屋でアイスコーヒーを「冷コ」という類。でも「すい」という言い方はそんなに古いものではない。それに比べると、「せんじ」という言葉のルーツは古い。語源については、中日新聞社社長の小出宣昭先輩（東海高校の一年先輩）のコラム、「編集局デスク（平成十六年八月二十一日付）」に、ある古い表現として「夏の氷は宣旨なければ凍らずといへり」を取り上げ、「真冬にとった氷を夏まで貯えておく氷室があちこちに設けられ…『氷はまだか』との天皇の宣旨が下ると氷室の使いが山城や丹波の氷室からそろそろと献上の氷を運んだのだろう。この宣旨が、読みもそのまま『センジ』になったのだと思う。スイだのミゾレだのとは格が違う、夏の氷の貴さがふくまれている」と書かれている。僕はこれに甘みの味付けをしたい。

「枕草子」第三十九段に「あてなる（上品な）もの…削り氷《ひ》にあまづらいれて、あたらしき金椀《かなまり》（銀などの金属製の椀《わん》）にいれたる…」とあって、削り氷（かき氷）に、甘葛《くず》を煎じて作った甘味料をかけて食べていたことが知られる。冷蔵庫や冷凍庫のなかった時代、製氷はもちろん、冬の氷を夏まで保存することも容易なことではなかった。甘みも、砂糖がまだなかったので、貴重なもの。夏のかき氷は、天皇や上流貴族しか口に入らない、きわめて上品で高貴なものだった。この甘味料が「煎じもの」であったところに、氷せんじの「せんじ」は由来するのかもしれない。（2005年5月）

名古屋の麺《めん》

僕は麺食い（面食いではない）。昼飯に何を食べるか聞かれると、即座に「うどん」と答える。あまりうどん、うどんと言うので、いささか呆《あき》れられている。次が冷や麦、次がそうめん、次が中華そば。そばはその次。そう言えば、そばとうどんの境目は岡崎と聞いたことがある。岡崎から東はそば、西はうどんと言うわけだ。確かに、そばはさらしなそば、深大寺そば、うどんは伊勢うどん、讃岐うどんなどが有名だ。もっとも氷見うどん、稲庭うどんは、と言われるとちょっと困るが。『守貞謾《まん》稿（近世風俗志）』には、「京坂は温飩《うどん》を好む人多く、また売る家もこれを専らとし、温飩屋と云ふなり。しかもそばも兼ね売るなり。江戸は蕎麦を好む人多く、商人も専らとし、温飩は兼ねて沽《う》るなり。故に蕎麦屋と云ふ。けだし今製の温飩の本名は、きりめんと云ふなり。切麺なり」と。

子どものころ、西川（踊りの名古屋西川流）の家元でのお稽古《けいこ》がすんだ後、鶴重町（中区錦三丁目）のうどん屋で、「かけ」か「ころ」か「きしめん」をしばしば食べに行った。真夏には、名妓《ぎ》連で名古屋をどりの稽古があると、冷や麦とかそうめんをとってもらったものだ。以前住んでいた旗屋町（熱田区）のわが家の近くに「浅田屋」なる麺類 丼《どんぶり》物一式の店があって、うどんやきしめんをよくとった。きしめんには必ず削り鰹《かつお》と菜（多くはほうれんそう）と蒲鉾《かまぼこ》が二枚乗っていた。

　ところで、このきしめん、名古屋にしかないのだが、いつごろからあったかは、よく分からない。前記『守貞謾稿』には「今世、江戸にて平打の温飩を、ひもかはと号《なづ》く…江戸にてひもかはと云ふ平打うどんを、尾（尾張）の名古屋にてはきしめんと云ふなり」とあって、江戸時代後半

にはあり、江戸にも同じような麺があったらしい。きしめんの元はと言うと、近松門左衛門作の『天神記』の一節に、

柳桜の唐錦《からにしき》、唐使《とうし》の宿は鴻臚《こうろ》館、時平《しへい》の大臣《おとど》の馳走として、我に親しき物かはの宰相定国、藤原の菅根《すがね》の朝臣を馳走人に付置《つけおき》、毎日鶏豕猪《にわとりぶたいのしし》を持運び、朝夕の膳部にも、長崎より唐人流の料理人を呼びよせ、鶏飯《にわとりめし》、羊粥《ひつじがゆ》、豕《いのこ》の焼皮《やきがわ》、熊の掌《たなごころ》、狸の沢渡《さわたり》、猿の木取《ことり》、菓子に取ては、鼈羹《べっかん》、羊羹、かすてら、ほるてら、砂糖羊羹、驢腸羹《ろちょうかん》、伏兎《ぶと》曲《まがり》の煎餅《せんべい》、饅《まん》頭《じゅう》、棊子麺《きしめん》、笋羊羹《しゅんようかん》、名も聞馴れぬ食物、何れも豕《ぶた》の油揚げ、ちんた淡盛《あわもり》、覆盆酒《ふくぼんしゅ》、無量の名酒名菓を持て、色を替え品を替え、馳走を以て抱きこめば、裴文籍《はいぶんせき》も傾きて、何事成共《なりとも》此返礼、時平公の御用ならば聞たき…。

とあり、棊子麺なる語が出てくる。この棊子麺、「小麦粉を水で練って薄くのしたものを、竹筒で碁石の形に押し切り、ゆでて、きなこをかけたたべもの」(日本国語大辞典)で、十四世紀末の『庭訓往来』に見られる。禅僧がわが国に持ち込んだものらしい。きしめんはこの棊子麺(碁子麺)が元と考えるのがよさそうだ。ちなみに、文献では棊子麺の方が温飩よりやや先に現れる。

きしめんは、雉《きじ》麺だの、紀州麺だのという説があるが、いずれも根拠に乏しい。『名古屋市

史』は、雉麺説で「(名古屋城)築城の際、岡田将監七曲町に住みしが、ここに召使ひし下男あり、いつも手打ちの温飩に、雉の肉を入れて主人に供す、味頗る美なり、これを雉麺といふ」とあるが、にわかには信じがたい。饂飩も中国渡来だから、きしめんも中国渡来の棊子麺からと考える方が自然だと思う。

名古屋にきしめんが定着したのは、うどんよりはおつゆ(名古屋では汁などというのは品がないとされる)がよく浸《し》みるからだろう。(2001年9月)

ういろうはお薬

拙者親方と申すはお立ち合いの中《うち》にご存じのお方もござりませうが、お江戸をたって二十里上方、相州小田原…虎屋藤右衛門。只《ただ》今は剃《てい》髪いたして、円斎と名乗りまする。…お手に入れまする此《こ》の薬は、昔ちんの国の唐人うゐらうといふ人。我が朝へ来り帝へ参内の折から此薬を深く籠め置き、これを用うる時は一粒づゝ冠の隙間より取り出す。依てその名を帝より、透頂香《とうちんこう》と申し候…此の薬をかやうに一粒舌の上へ乗せまして、腹へ納めまするとイヤどふもいへぬは。いかん肺肝がすこやかに成りて、薫風咽より来り、口中微涼を生ずるが如し。魚鳥木《うおとりき》の子麺《めん》類の食い合せ、其外《そのほか》、万病速効あること神の如し。扨《さて》此の薬第一の奇妙には舌の回る事が銭独楽《ぜにごま》が裸足で逃げる。ひよっと舌が回りだすと、矢も盾もたまらぬじゃ。そりゃ〱〱〱回ってきたは回ってくるは…あかさたなはまやらわ、をこそとのほもよろお…はじかみ盆まめ盆米盆ごぼう。摘み蓼《たで》摘み豆摘み山椒《さんしょう》、書写山の写僧正、粉米のなま噛粉米のなまがみ、こん粉米のこなまかみ

…京のなま鱈奈良なま学鰹《まながつお》ちょっと四五貫目。お茶たちょ茶たちょちゃっと立ちょ茶立ちょ…

言うまでもなく、享保三年（一七一八）江戸森田座「若緑《わかみどり》勢《いきおい》曽我《そが》」の二代目団十郎「外《うい》郎《ろう》売り」の台詞《せりふ》。外郎は、名古屋名物として知られているが、実は菓子ではなく、小田原の薬屋外郎家が売っている万能の丸薬。外郎家は、室町時代に中国からやってきた陳宗敬なる人の子孫の家。中国では定員外の職員を「外郎」と言ったが、陳宗敬は元の国の礼部員外郎であったので、子孫がこう名乗った。北条氏綱の時、京都から小田原に下って、陳宗敬が発明した薬を、「外郎」と名付けて商ったのである。今も小田原で売っている。この薬は、特に痰《たん》切りや口臭消しなど、喉《のど》の薬として知られた。「仁丹」に似ているが、宮中で殿上人が冠に入れて持ち歩いたので、透頂香とも呼ばれた。しかし、「良薬口に苦し」というわけで、苦い「外郎」の口直しに、甘い菓子を付けて売り出したところから生まれたのが、菓子の「ういろう」とか。「透頂香」と色形が似ているから「ういろう」と呼ばれたとの説もあり、真偽のほどは明らかではない。江戸時代初期の俳諧『大矢数千八百韻』などに「外郎餅《もち》」として出てくるので、菓子の方もかなり古い。

ところで、この外郎薬を売り歩く行商人は、外郎をなめると喉が回るのを演じて薬を売るために、早口の口上を喋るので知られていたから、これを団十郎が歌舞伎に取り入れたのが、「外郎売り」の始まり。幕末、この外郎屋で修業した職人が尾張へ帰って始めたのが名古屋の外郎の始まりと伝えられるが、不明。今でこそ「ういろう」と言えば名古屋となるが、外郎は山口・京都・小田原でも名物。ともあれ、名古屋の「ういろう」がこれほど世に広まったのは、庶民的で淡泊な甘みが、毎日抹茶を飲む名古屋の習慣とうまくかみ合って、この地に広がったのだろう。それに外郎は三味線の糸で切ると不思議に上手に切ることができる。

名古屋は芸どころ、三味線の糸も手に入れやすかったのだろう。名古屋人はケチだから安くて嵩《かさ》のある「ういろう」を土産にするのだなどとは全くけしからぬことだ。（2001年9月）

わが家は味噌煮

暮れになると、どこの家でも同じだろうが、決まってやることがある。大掃除、餅《もち》つき、お節《せち》料理作り、年賀状書き、墓参などなど。新年を迎えるため、お墓にも、松竹梅、万両、千両に菊などをあしらった供花を花筒に入れて、周りを掃除する。これは三十日の朝と決まっていた。この供花を前日の夜、父と一緒に熱田伝馬町の花屋まで買いに行くのが、暮れの楽しみの一つだった。何も夜に行かなくてもいいのだが、昼間は大掃除などでいつも夜になってしまった。家を出て、真っ暗な熱田神宮の参道を、西門から南門へ抜け、伝馬町の通り（東海道）を東へ、新堀川を渡ったところにその花屋があった。いつも、とっても寒かったけれど、父と手をつないで星のきれいな夜空を眺めながらのお出かけは、一年中でこの時だけだったので、楽しみだった。

忙しいこの時期になると、晩ご飯は鍋が良く出た。ひきずり（すきやき）、魚すき、味噌煮《みそ》などなど。鍋はあまり手が掛からなくて済むからだろう。今も僕は鍋が大好き。ひきずりなら鉄鍋、魚すき・味噌煮なら土鍋と相場は決まっている。

ところで、この鍋だが、『和訓栞《わくんのしおり》』に「魚瓮《なへ》の義なるべし」とあり、魚（肴）を煮る瓮《もたい》、つまり、おかずを煮る器で、土製の堝《なべ》・鉄製の鍋がある。大田南畝《なんぼ》の『一話一言』巻二十九「行平鍋」の項に、

近き頃までは羹（あつもの…野菜・魚肉などを入れた熱い吸い物）をとゝのゆるには、かならず土にて鍋のかたちせる小き器を用ひ、一人〳〵供するに便りとす、其後《その》安永（一七七二〜一七八〇）のころよりは銑（銑鉄）をもつていとあさくちゐさき鍋を造り出しける……

とあり、このころ、底の浅い鉄製の小鍋が登場した。もちろん、大きな鉄鍋については延長五年（九二七）成立の『延喜式』に記述があり、煮炊物用として用いていたと思われる。これら小型の、鉄鍋・土鍋の普及により、今のような、煮ながら料理を食べる鍋料理が始まった。平凡社刊『大百科』の「鍋料理」の項に引用の、寺門静軒『江戸繁昌《じょう》記』（天保三年〈一八三二〉成立）には、「凡《およ》そ肉は葱《ねぎ》に宜《よう》し、一客に一鍋、火盆《ひばち》を連ねて供具す」とある。享和元年（一八〇一）〜文化元年（一八〇四）成立の『料理早指南』巻四には、「鋤焼《すき》（溜《たま》りに浸《つ》けておいた鶏肉を鋤の上において焼いたもの）」の語も見られる。これが、現在の鍋料理に

なってきたのであろう。

鍋について、名古屋では、鍋屋町なる町がある。といっても、今は、あの、地域文化を台無しにする、「町名変更」というけしからぬ法で「東区泉二丁目」となってしまったが。この、鍋屋町、清須越し（徳川家康の名古屋城築城に伴い、清須から名古屋城下に引っ越した町）の由緒ある町名で、水野太郎左衛門なる鋳工が、慶長十六年（一六一一）、ここに移り住んで鉄工場を営み、鋳物の販売を独占、寛延年中（一七四八〜一七五〇）鍋屋平八郎、鍋屋太兵衛らが住まいし、尾張藩御用達の鍋屋職人の町となった。歴史的に見ても、技術的に見ても、この町の鍋は価値ある物とみてよいと思われる。

そこで、わが家の味噌煮だが、一般に分かりやすくいえば、味噌仕立ての寄せ鍋というところか。土鍋を用いて、味噌は勿論八丁味噌。昆布だしと酒と砂糖を入れて、味噌を練り、軟らかくして、まず、肉を入れ、野菜その他をいれ、七輪にかけて煮る。肉は、やはり、豚。牛ではちょっと物足りない。蒟蒻《こんにゃく》は、糸蒟蒻より、普通の四角い蒟蒻。牡蠣《かき》も。炭は何も備《び》長《っちょう》炭《たん》でなくても町内の炭屋の炭で十分。食べ終わったら、残った味噌でうどんを、その後まだ余力があったら、雑炊にして全部食べ尽くす。これが、味噌煮の醍醐味。寒い冬の食べ物としては、ピッタリだが、最近はそんな寒さに、滅多にはお目にかかれない。今年の冬はそ

んな寒さを心待ちにしている。（２００３年10月）

冬は鮒味噌

今年の冬は妙に雪が多い。地球温暖化傾向はどこへ行ったかと思わせるくらいだ。しかし、事情通によると、日本列島を通り越して太平洋で降っていた雪が、温暖化で太平洋まで出ていくことができず、日本の真上に留まるためだそうだ。なるほど理屈にはかなっている。雪が降ると、名古屋などは、雪に慣れていないため、交通渋滞が起こり、歩行も困難になる。僕も先日の雪の日には、雪道はうまく通過したのだが、ビルに入ったとたん、滑って転んでしまった。でも、雪景色はやっぱり美しい。この寒い冬にピッタリの料理は何か、当然のように、味噌《みそ》おでん、味噌煮（土手焼き、土手鍋）が挙げられるが、名古屋もので、もう一つ忘れてならないのが鮒《ふな》味噌。

名古屋の味を一口で言うと、味噌と溜《たま》り（溜りしょうゆなどと言わないでほしい）。味噌はもちろん、八丁味噌に代表される赤味噌。僕は、実は白味噌や合わせ味噌は苦手で、食べないことはないが、できれば遠慮したい。その赤味噌を使った料理で最近あまり見られなくなったのが鮒味噌。

秋から冬にかけて、父親と一緒に、しばしば鮒釣りに出かけた。冬の鮒釣りは戸田川。詳しい場所はうろ覚えだが、一色大橋から南へ、道なりに西へ曲がって、さらに進むと戸田川に出る。石橋という橋辺りではなかったかと思う。右岸のやや広い土手に陣取って釣り糸を垂れた。少し川下には川小屋があって、川が葦簀《よしず》で囲ってあった。何でもそれは生け簀《す》代わりになっていて、中には鮒が沢山入れてあるとのこと。その外側ではなかなか釣れなかった。ここで釣った鮒で鮒味噌を作ってもらった。

寒鮒は子（玉子）が多く、これと浮き袋を残して、腹を出し、頭とえらを切って、少し甘く味付けした赤味噌をたっぷりと入れ、七輪でコトコトとゆっくり煮込んでいく。この時大豆も入れて煮る。味噌と大豆で親子煮？　従兄弟煮？　火加減が難しい。わが家では叔母が、位牌《はい》の膠《にかわ》付けをしながら、火加減を見ていた。トロ火で一日煮るので、小さな鮒だと骨まで、大きな鮒ではさすがにあばら骨は食べられないが、小骨までは十分食べられる。わが家では、ほうろう引きのバットに入れ、上から味噌をかけるので、どこに鮒が居るのか分からず、適当に箸でつっつくと身に当たったり、子に当たったりで、何が出てくるか楽しみだった。豆もうまかったが、子どもにとっては、子が一番、二番は背の身。赤味噌もいい味がついて、何もかもうまかった。

最近は、鮒味噌を食べる機会に恵まれていない。店で売っているものにはもう一つ食指が動かない。その家々の味が大切。今年こそ釣りに行って、というわけにもなかなかいかないが、うまい鮒味噌を食べたいものだ。（2001年1月）

鰤は味噌漬溜り漬

子どものころ、家の周りの水溜《た》まりや水槽には、よく氷が張った。サザエさんではないが、四角い水槽の氷を上手にとると透明ガラスのように見え、それらをパンッと割って遊んだ。地球温暖化のせいか、こんな光景もさっぱり見かけられない。そう言えば、最近しもやけの子どもをほとんど見かけない。僕なんぞは、保育園から小学校にかけて、毎年冬になると手足や耳にしもやけができて困った。家の暖房といえばこたつに火鉢。一つのこたつに家族四人が足を入れる。今は常識となったやぐら電気ごたつではなく、小さな豆炭ごたつだった。粗末な木造家屋のすき間から、すき間風が吹き込む、いや実に寒かった。しもやけが崩れて、冬中包帯を巻いていたことがあったが、その痕が今も手に残っている。

こんな寒いとき、海には旬《しゅん》のものがいっぱいある。海鼠《なまこ》、海鼠腸《このわた》、牡蠣《かき》、河豚《ふぐ》などなど。しかし何と言っても一番は鰤《ぶり》。鰤は、世に出世魚といわれ、成長するごとに、わかし（つばす）、いなだ（はまち）、わらさ、ぶりの順に名前が変わっていく。特に十kg以上のものを鰤と言うそうだ。ほかにも、ずわい蟹《がに》・松葉蟹・毛蟹・鱈《たら》場蟹などと、蟹も冬場が最高だが、地元のは渡り蟹。子どものころ、蟹といえば渡り蟹しか知らず、それを食べ続けていたせいか、ほかの蟹はうまいと思うことはあっても、真剣に食べたいと感じたことはない。三つ子の魂百までというところか。

わが家ではこの季節になると、母親が桑名のお稽古《けいこ》で、よく、鰤を丸々一本（匹）もらってきた。これを伯母（母の姉）が料理する（料理する）のだが、板前さんと違って包丁も万能型出刃包丁一つ。これで、鱗《うろこ》を取り、頭を切り、三枚におろすのだから、かえって腕がよかったのかも。鰤はまずは刺し身。大根おろしを付けて溜《たま》りで食べる。溜りがなければ醤油《しょうゆ》。子どものころは腹よりも背の方が好きだった。腹は、鮪《まぐろ》で言えばトロ。今でもトロが嫌いなのは、もともと脂っこいところが好きでなかったのかもしれない。テレビで、よく、脂がのっておいしいなんて言うが、それだって、好みの問題で、反対の好みもあるんだ。

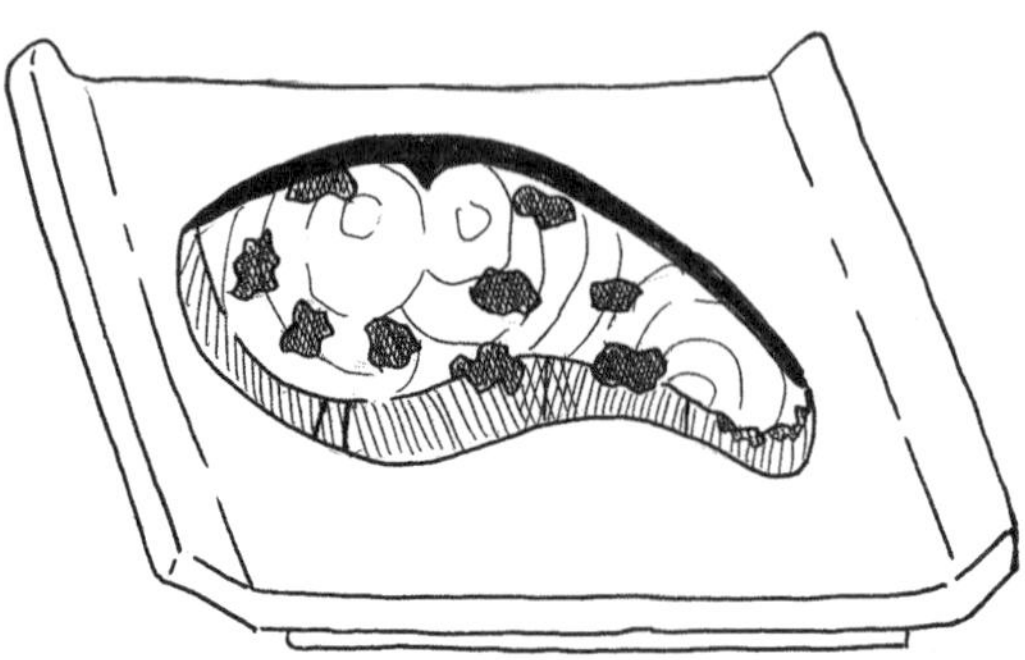

閑話休題。いくら新鮮で刺し身がうまいといっても、四人家族では、とうてい食べきれない。そこで、保存食というわけだが、わが家では、名古屋を代表する食文化、豆赤味噌《みそ》と溜りを用いて、鰤の切り身を味噌漬と溜り漬けにした。魚の切り身の味噌漬けというと、だいたいは白味噌漬け。割烹《ぽう》では西京漬けがよく出る。わが家の味噌漬けは、もっぱら豆赤味噌のみ。混ぜものなしの赤味噌漬けは、味噌の味がほどよく鰤にしみて、焼くと香ばしい味噌の香りと鰤の味がたまらない。豆赤味噌は、それだけを焼いてもうまい。豆状にした赤味噌を焼いて、ぱらぱらとご飯にかけ、薬味のねぎを添えれば、赤坂名物雲助飯の出来上がり。溜り漬けも同様。こちらは溜りの味が鰤にしみて妙にうまい。鰤の醤油漬けはよそに有るかもしれないが、豆赤味噌と溜り漬けは名古屋にしかない。

こんなにうまい味噌漬け、溜り漬けなのに、一本分の鰤は、そう簡単に食べきれるものではない。小学校は給食だったので、そんなことはなかったが、東海中学・高校は弁当だったので、鰤がわが家へ泳いできた日から一週間もすると、弁当のおかずは、毎日鰤の味噌漬け、溜り漬け。おかずの蓋《ふた》を取ったとたん「またか」となる。いくらうまくても、一カ月続くと、さすがに食べ飽きる。しかし、せっかくわが家に来た鰤だから、そんなぜいたくはもってのの外。最後まで感謝していただくのがわが家のしつけであった。（2003年1月）

本当の名古屋食文化

所変われば名も変わるの別の例え「難波の鯔《ぼら》は伊勢の名吉《みょうぎち》」はあまり知られていない。鯔はいわゆる出世魚（成長とともに呼び名がかわる）で、稚魚をオボコとかスバシリ、川に入ってくるころをイナ、海に帰ってボラ、その後成長して大きく育ったものをトドと呼ぶ。「トドのつまり」はここから来ている。イナまたはボラを、「なよし」とも言い、「名吉」は当て字。それをミョウギチと音読みしたのが前記のもの。

こういう例を名古屋に見ると、めじろ（あなご）、ひきずり（すきやき）、しょうや（めんこ）、かっちん玉（ビー玉）、閑所《かんしょ》（路地）などなど。最近は、テレビ、雑誌、メールなど、情報伝達手段はいくらもある。ともすれば、これらの大量の情報により、地域地域の独立性独自性が脅かされかねない。現に、名古屋の寿司《すし》屋で「めじろ」と書いてある店はほとんど皆無。それを受けてか、テレビのレポーターもアナウンサーも、やたら「ここのあなごはうまい」だの「絶品」だのと宣《のたま》わり、「めじろ」の「め」の字もない。

地域差ばかりではない。だいたい、食べ物に「完成」はあり得ない。「出来上がり」である。料理は「出来たて」を食べるのがよいのであって、「完成仕立て」を食べるのではない。「一品」にしても、「ひとしな」と言ってほしいもの。「逸品」の意ならばよいが、どうもそうではないらしい。こういった、日本語の表現に無神経なテレビやその他のメディアの関係者には憤りを覚える。さらに、その土地土地の食文化については、間違った情報や、誤解の上に成り立った情報が多すぎる。もっと慎重に、きちんと調査した上で、情報発信すべきであろう。

最近は名古屋の食文化の代表とも思われている鶏の「手羽先」。代々名古屋に住んでいるいわば根生《ねおい》の名古屋人は、決して食べないものである。僕は、かつて、東京で食事に招待された時、料亭でのかしわ（鶏肉）の「水炊き」に、見慣れぬものが出た。それが「手羽先」だと分かるまでには随分時間を要した。もちろん、わが家でもかしわの「ひきずり」や「水炊き」はしょっちゅうあったが、「手羽先」は絶対に出なかった。職人の家で、そんなに豊かなことはなかったけれど。

海老《えび》フライも名古屋の食文化ではなかった。東京発のものではなかったか。ちなみに「フライ」は名古屋弁では「フラャー」で、「フリャー」ではない。この発音が珍しくて、聞き違えた誰かがやたら喧《けん》伝したせいである。もっとも、「海老せんべい」はご当地のもの。「天むす」は三重県津発、「味噌《みそ》煮込みうどん」「味噌カツ」はごく新しい名古屋もの。赤味噌を使った名古屋独特の「味噌おでん」は、正しい形では近年ほとんど見られなくなってしまった。名古屋人は排他的だなどというのは誤解も甚だしい。

最近は交通、伝達手段の発達や、仕事の多種多様化で、先祖代々その土地にとどまることは稀有《けう》の事になりつつある。したがって、地域の伝統や独自の文化を伝えることが難しくなっている。地域文化に対する、生半可な、あるいは、間違った先入観による把握・理解は、それこそ大変な失礼だ。その土地柄で生まれ、はぐくみ伝えられた地域の文化は、我々みんなの宝物。この宝物をずずーっと大切に。(2004年2月)

第4章

気に入りの店ほか

■ ■ レストラン　シャトー ■ ■

「イヨッ　大和屋！」

「十代目！」

川端から、橋の上から、威勢のいい掛け声が飛ぶ。名古屋で初の船乗り込みだ。僕は十年以上前から、堀川を使っての船乗り込みをと言い続けてきたが、やっと実現。しかも二十一世紀初め、五代目坂東八十助の十代目坂東三津五郎襲名を披露する船乗り込み。大阪や博多、金比羅、東京ではすでに船乗り込みが行われ、大人気を博しているのに、芸どころ名古屋で行われていないのは実に残念だと思っていたので、まことに喜ばしい限りだ。当日は快晴とはいかなかったが、出発地白鳥《しろとり》桟橋から納屋橋までの堀川筋、納屋橋から御園座までの広小路筋、どこも黒山の人だかり、というのは言い過ぎだが、大変な人出であった。今後はずーっと続けていただきたい。

ところで、今回は十代目だが、八代目の三津五郎も名古屋に縁の深い存在だった。名古屋の芝居興行に出演するときは、古書店で歌舞伎の資料を集めたり、なじみのレストランへ行っていたそうだ。その一つがシャトー。

僕が初めてシャトーへ行ったのは、大学浪人中の昭和三十九年のこと。友人が、「とても変わった、どちらかといえば偏屈で頑固なマスター（失礼）だが、どえらゃぁうまゃぁ店があるので連れてったるわ」と、星ケ丘交差点ちょっと手前を左へ入ったところにある瀟洒《しょうしゃ》な店に案内してくれた。友人は、僕が歌舞伎・浄瑠璃《るり》にちょっと詳しい事を知っていたので、以前マスターが見せてくれた、中村勘三郎（十七代目）とマスターが一緒に写った写真を覚えていて、連れて行ってくれたのだった。マスター滝本さんは熱田伝馬町の生まれ、学生時代ジャズに魅せられて、ジャズの楽団についてアメリカへ船で渡った、それも船内で皿洗いのアルバイトをしながら。おかげで、英語はスラングも一流？ジャズの耳も一流となった。帰国と同時に、役者の、今でいえば、在名のマネージャー兼ボディガードを務めることになった。その役者が十七代目中村勘三郎であり、八代目坂東三津五郎だった。戦後レストランを開店、この店の特徴は何と言ってもマスターの舌に懸かっていた。フィレカツを始め、ハンバーグ・蠣《かき》フライ・豚肉しょうが焼き・鮎《あゆ》の塩焼き（季節もの）・赤出し汁など、すべてマスターの確かな味覚が作り出す味だった。舌に合った（気に入った）客には、メニューにない絶品の炊き合わせ、そうめん、何でも出てきた。隣の客がそれを注文すると、「売り物ではない、私の気持ちだ」と平気で断る。そして、ガソリン（酒）を給油しつつ、舌から繰り出される奇想天外な経験談、勘三郎や三津五郎などの役者さんたちの内緒話。どれもこれも実に楽しい味だった。途中で、店は星ケ丘から一社に移ったが、僕はこのマスターの舌を味わいに二十五年通い詰めた。ちなみに、このマスターは獣医であった。

昭和五十年一月、八代目三津五郎は、京都のホテルで京都新聞の原稿を書き上げた後、食べに出かけた河豚《ふぐ》の毒で急死してしまった。その時の原稿がレストラン・シャトーを紹介するものだった。その後、シャトー壁面には、三津五郎家からもらい受けた絶筆が長くかかっていたが、マスターも逝ってしまい、シャトーも店を閉じて、すでに久しい。（２００1年10月）

大衆食堂　安藤

最近のテレビの食堂・レストラン紹介番組は、いささか食傷気味。これらのレポートに登場する店について、とやかく言うのではない。番組制作者とかレポーターの姿勢の問題だ。とくにレポーターの、判で押したような「甘みがある」「あっさりとしている」「この食感が素晴らしい」などの表現はとても気になる。「安い」だの、「行列ができる」だの、といった紹介もいつも同じだ。しかし、こんなに次々と食堂やレストランを紹介していたら、紹介する店がなくなってしまうのではないかと心配するのは僕一人だろうか。

このような紹介でもいろいろな店は見つかるが、本当に自分の好みに合った店は、やはり、自分の足で探さないとダメ。そこで、前項の「シャトー」に続き、僕の好みのとっておきの店を紹介したい。

それは「大衆食堂　安藤」。名古屋市の東南部、島田橋を渡って原へ行く途中、島田農協を過ぎた右手の、雑草の生い茂る中を道路から二十メートルほど入ると、平屋建て妻入りの食堂があった。「あった」と言うのは、つまり、シャトー同様、店を畳んでしまったから。その入り口の上に、大きな看板があり、白地に黒で「大衆食堂　安藤」と大書してあった。手動の重いガラス戸を開けて中へ入ると、下は、土のまま、正に土間。四人用のテーブルが四つと、片面が壁に付いているため二人しか使えないテーブルが一つ。お茶は魔法瓶、茶わんは籠《かご》に用意してあるものの、どこか欠けていて満足なものは一つもないと言った有り様。僕などは、近くの東海学園女子短大で講義のある日に行くものだから、服が汚れないかと心配したものだ。トイレも水洗式ではなく、手洗いも、昔在った、水を入れた透明ないれものの底に細い棒が出ており、その棒を上へちょっと押し上げると水が下へ出てくるという仕組みの手洗い桶。今なら保健所が営業許可を出さないだろう。

だいたい、店の前を通っても、ここが食堂だとは気付かない。また、看板を見て気付いたとしても、営業しているとは思わなかった人も多かったろう。知る人ぞ知るで、この店のお客さんは、多くは近辺の農家の人で、自転車にネギや南瓜《かぼちゃ》、胡瓜《きゅうり》、大根を積んで昼飯をここに食べに来ていた。もっとも昼食弁当の出前の方が主業だったが。

ところが、料理の方は天下一品。と言っても主なメニューは、ロースの味噌《みそ》カツとラーメン。豚肉はどこどこ産などとたいそうなことはこれっぽっちも言わないが、極上であることは間違いない。揚げる油はラード。これがまた、パリッと揚がるのだ。食べていて小気味がよい。安藤食堂以外にこれほどのロースカツを食べたことがない。値段は二百七十円。ラーメンも、何の変哲もない普通の醤油《しょうゆ》ラーメンだが、得も言われぬうまさだった。こちらは二百五十円。いつも両方食べていた。

夫婦と娘さんでやっておられたが、料理はいつも奥さんの役。だから、客が八人も来ると店はてんやわんや。このご主人が、シャトーのマスターの親友、柔道と水泳と、戦後まもなくのころは英語の先生までやっていた。マスターのようにアメリカまでは行かなかったが、ジャズを聴く耳は、やはり一流だった。晩年はエアロビクスのインストラクターの先生として、毎週東京まで教えに行っていたのだから驚きだ。シャトーのマスター同様、普段はただの親爺《おやじ》だが、いざ出かけるとなると小粋な紳士に早変わりする。そんな洒落《しゃれ》た食堂が懐かしく、ここのロースカツが無性に食べたくなるときがある。（２００２年５月）

■　■　楽屋食堂　御園座　■　■

昔は御園座の九月といえば、二代目西川鯉三郎一門の「名古屋をどり」公演だった。今は中日劇場に移ってしまって、今年（二〇〇四）は第五十七回だそうだ。これだけ続いている日本舞踊公演も珍しい。ほとんど全国唯一と言えるだろう。まさに芸どころ名古屋を代表する一つだ。

ところで、名古屋をどりの前身は昭和七年に始まった「浪越《なごや》をどり」。当時、芸妓が五百人を超えるという名古屋一の規模を誇った浪越連《なみこし》（浪越検番）の、浪越連演舞場が同七年に針屋町（現中区錦三丁目）にできたのにともなって、始められた。戦争の足音が高く響いてきた昭和十二年の第六回をもって、「浪越をどり」は一旦《いったん》幕を降ろすことになった。毎回、大作の新作を、作詞井手蕉雨、振付西川石松（初代鯉三郎の後継者に当たる人）、常磐津（三代目常磐津式寿）・長唄（作者不明）の作曲で上演。当時、名古屋新聞や新愛知新聞は、稽古《けいこ》風景や本番の舞台写真を二段、三段抜きで載せた。戦後すぐにこれを受け継いだのが、昭和二十二年に始められた二代目鯉三郎による名古屋をどり。僕は、小学校一年生から、西川鯉三郎師に入門したので、名古屋をどりにも、昭和二十八年の第八回から出演したが、この時は、大和楽『たけくらべ』の男の子、竹本・清元・長唄掛合の新作『太閤《こう》記』の女小姓（禿《かむろ》）、二十九年は、大和楽の新作『虹《にじ》の羽衣』の子竜（父が漁夫の伯竜なので）などなど。ちなみに、この二作品、舞台美術はいずれも杉本健吉画伯だった。このころは、かつら松原の松原園枝ちゃんといつも一緒に出演していた。

　この名古屋をどりに出演したときの楽しみの一つに、御園座の楽屋、当時は三階建てで、その三階の一番奥に食堂があったが、そこで食事をするということがあった。名古屋をどりは例年九月の公演だったので、食堂のメニューも秋の味覚が中心で、特に僕の関心を引いたのは「土瓶蒸し」。このほかに鯛《たい》の刺し身定食、焼き魚（秋《さ》刀《ん》魚《ま》とか鯵《あじ》とか）定食などがあり、どれも安くて新鮮、うまいものばかりだった。このごろの名古屋をどりは、十八日から二十日間の公演で、出演者も二組から四組く

らいあって、交互に出演していたので、子役の出番も、三日に一回か、四日に一回だった。その出演の日、必ず楽屋三階の食堂で食べるのが、名古屋をどりの一番の楽しみだったが、いつも刺し身定食で、たまにはほかの料理を食べてみたいと思っていた時、目に入ったのが土瓶蒸し。小学校の二年生や三年生に土瓶蒸しが分かるわけがない。茶碗蒸しなら知っていたけれど。だいたい土瓶がよく分からないし、蒸すって、いったい何を、どうやって蒸すのだろうかとか、松茸《まつたけ》入りとはとてもうまそうだとか、興味津々だったので、ある時、思わず、土瓶蒸し！と注文したところ、付き添いの伯母（母の姉）から、「それは子どもの食べるものじゃない！」と却下されてしまった。だから、御園座楽屋三階食堂の土瓶蒸しはいまだに食べていない（といっても、楽屋食堂そのものがなくなってしまった）。それがトラウマとなって、今でも、どこの土瓶蒸しでも、どんな土瓶蒸しでも食べたくなる。もちろん例の板前さんみたいな大将の土瓶蒸しが一番だけれど。幼いころの体験は、時に子どもの心に、大きな欲望（食べたいという欲）を残すこととなる。でも、今年も、土瓶蒸しを、思う存分食べたい。（2004年7月）

■▒カレー　松の実▒■

秋来ぬと目にはさやかに見えねども　風の音にぞ驚かれぬる

本書でもしばしば引いたが、秋になるとしばしば引かれる和歌。立秋を詠んだ『古今和歌集』巻第四秋歌上の巻頭歌。秋が来たと、目にははっきりとは見えないが、風の音ではっと気付いた。係り結びの「ぞ……ぬる」を用いて、「風の音」ではじめて知った秋を強調しているところが、何とも洒落《しゃれ》ている。秋がさらに進んでくると、

〽秋の夕日に照る山紅葉
濃いも薄いも数ある中に
松を彩る楓や蔦は　山の麓《ふもと》の裾模様

となり、視覚いっぱいに秋の美しい風景があふれる。「秋は夕暮れ」と清少納言も『枕草子』で言っているように、秋は夕方に目がいくようだ。もっと進んで晩秋になると、

秋深き　隣は何を　する人ぞ　　芭蕉

柿食えば　鐘が鳴るなり　法隆寺　子規

ということになる。晩秋の静寂が漂う。

風雅の世界、詩歌の世界はかくのごときだが、一方では、「天高く馬肥ゆる秋」などとあって、食欲の秋でもある。僕にとっては、ありがたいような、ありがたくないような実りの秋。秋刀魚《さんま》、松茸《まつたけ》、栗《くり》、柿《かき》、真鯖《さば》などなど。

どんな季節でも、どんな時間帯でも、どんな腹の状態でも、たとえ満腹でも、つい食べたくなるのがカレーだ。あの、食欲をそそるのは、カレーの中のどういった要素なのか知らないが、摩訶《まか》不思議だ。最近は、一口にカレーと言っても、千差万別、即席から、スパイスを合わせて作る本格的なインドカレーまで、実に多種多様。

ところが、僕の子どものころは、カレーといえば、オリエンタル即席《しょ》カレー（ハヤシもあったが）しかなかった。規定量の水の中に、肉、玉ねぎ・人参・馬鈴薯などを煮込み、そこにカレールーを加えて出来上がり。だから、どこの家庭でも同じような味のカレーができるのだが、肉の質・量が味を左右することになる。僕の子どものころ、昭和二十年代から三十年代の前半、わが家の食用事情はあまり良くなかったので、精々コマ切れ。コマ切れでも入っていれば幸せを感じたものだ。

近年はインド人の経営するカレー屋からカレーうどん屋まで、和洋取り混ぜてのカレー・カレー・カレー。そういったカレー世界の中で、一味違ったカレー屋が八事にあった。八事交差点を南へ、島田橋へ向かう途中の音聞山の辺りの左側にあった「松の実」。上品で何やら風格のあるご主人の作るカレーは、ＡカレーにＳカレーの二種のみ。もちろん、カレールーは使わない。十数種のスパイスを使ったＡカレー、肉はチキン。二百数種のスパイスを使ったＳカレー、肉はマトン。初めての客がメニューを見て、注文を迷っていると、「初めてのお客様はＡカレーをどうぞ」と勧める。Ｓカレーはちょっと癖があって、初心者にはＡカレーが無難なのだ。僕も、初めのころはＳカレーを食べるのは自信がなく、一年くらいはＡカレーだった。カレーとチキンはよく合うもので、今も某インドカレーの店で食べるのはいつもチキンカレー（メニューではチキンカシミール）だが、Ｓカレーもスパイスが複雑でコクがあった。

僕が初めて「松の実」に行ったのは、大学院生だった昭和四十年代半ばのこと。水曜定休で、昼間の十一時から午後二時ごろまでの営業。「ころまで」と言うのは、量に限りがあって、売り切れたところで閉店。面白いのは、近所のお母さんたちが鍋を持って買いに来ること。ご主人は、お母さんたちに、必ず、家で再調理するやり方を指示していた。家庭で食べる時も、できるだけ、店の味に近いようにとの心遣いがうれしく思われた。このご主人は、登山して山岳写真を撮るのが趣味らしく、店の壁には素晴らしい山岳写真がいくつも掛けてあった。もう一度Sカレーが食べたい。(2004年9月)

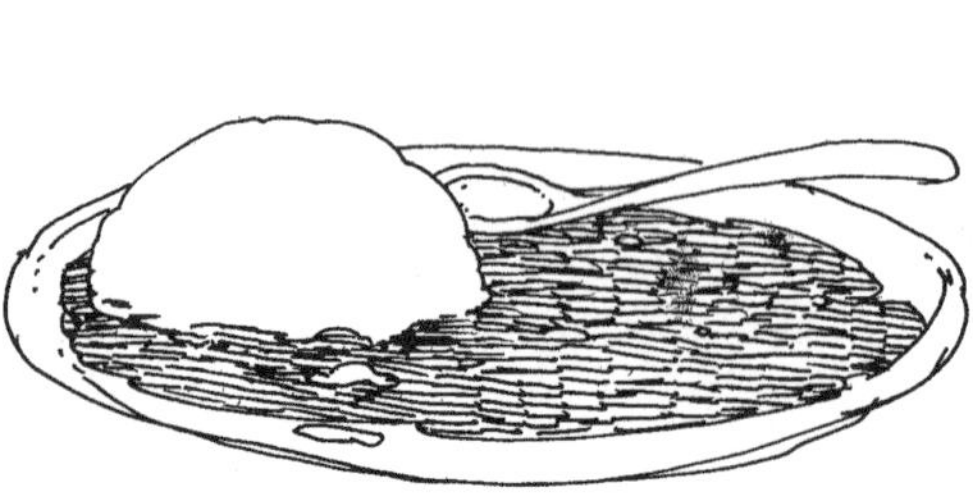

■■気に入りの店■■

〽名古屋名物　おいて（やめて）ちょうだゃあもに
すかたらんに　おかゃあせ
ちょっとも　だちゃあかんと　ぐざるぜぇも
そうかゃも　そうかゃも　なんだゃあも
いかゃすか　おかゃすか　どうさゃあす
おまゃはま　このごろ　どうさゃあた
どこぞに姫でもできせんか
できたらできたといあゃせも
わたしもかんこ（勘考）があるわゃあも
おそがゃあぜぇも

言わずと知れた「名古屋甚句」の騒ぎ唄。甚句は全国にあるが、その騒ぎ唄は、かの有名な「おてもやん」とほとんど同じ節、同じ三味線の手。だからちょっと聞いた時、「おてもやん」の替え唄かと思う人もいるが、そうではなく、正真正銘の、甚句の騒ぎ唄。最近、名古屋甚句も都々逸《どどいつ》も、名古屋では再び盛んになりつつある。まことにうれしい限りだ。

そこで、名古屋を代表する、というのではなく、十割名古屋人である僕のお気に入りの店のお話。でも、雑誌のようなお店紹介ではなく、知る人ぞ知る案内なので、この中から、店の味が伝えられたら幸せ。店名は明かさないのでヒントを頼りに探ってほしい。

まずは東新町の割烹、板前さんみたいな大将の店。あの道場六三郎も一目置くという。ここはどんな料理もうまゃあが、あえて特に一つ挙げるとすれば焼きおにぎり。でも今は閉店。

次は住吉の寿司《すし》屋。助六寿司発祥の由来を教わった先代は他界。店内には十七代目中村勘三郎と勘九郎の鏡獅子《じし》の押隈《おしぐま》の額。寿司と言えば松栄町にも一軒。坂手（鳥羽の坂手島）のうにが漁の期間中は必ずある。三十年も前からの野菜寿司はアイデアの結晶。気ままに店を閉めるのがまたいい。

鰻《うなぎ》は宮の熱田。大ざっぱに言えば、国道19号の付近の二軒と日進通り辺りの一軒。僕のお好みは二軒。熱田の二軒はともに櫃《ひつ》まぶしが目玉だが、のりの切り方に違いがある。もう一軒は櫃まぶしの鰻懐石、大将が立教のラガーで水彩画もたしなむ。お嬢さんはパン屋さん。

三軒ともいいが、鰻の蒲焼《かば》きはただひたすら焼くのが好き。蒸して焼くのは嫌い。

大相撲名古屋場所が始まると決まって行くのが相撲部屋のちゃんこ。それが高じてちゃんこ料理通いに。もともと鍋《なべ》は、ひきずり、土手焼き、魚すきなどなど好きだったが、ちゃんこが加わり、さらに充実。プリンセス大通り近くのちゃんこは、ちゃんこを食べた後のおつゆで煮る、うどん、ラーメン、雑炊がまたうまゃあ。ただし順を間違えてはいけない。雑炊を真っ先にするとおつゆがなくなってしまうから。

御園座で歌舞伎興行があると毎日のようにおでん(関東煮)。とんかつなら新栄。デミグラスのソースが甘すぎずいい。弁当・割子なら浅間町。享保年間、六代藩主徳川継友治下の名古屋城下で始まり今に。徳川美術館で食べられる「宗春弁当」のメニュー選びは僕、デザインは高北幸矢氏、製作はここ。

今池にあるのはドラゴンズファンの店。辛いラーメンが有名だが、牛蒡《ごぼう》、大根など独自の料理も多い。ドラゴンズが得点するとドラが鳴るので有名。八事日赤近くにあったのも、辛い麺だが、今池近くのとは趣が違う。辛いお粥も。また、中国からの輸入ビールが料理によく合うが、瓶ビールに限る。ここも今は閉店。石川橋辺りの店は、名古屋駅前のホテルからそっくり移ってきただけあってちょっと落ち着いた雰囲気がいい。うまゃあ紹興酒も。ここもまたまた閉店。ラーメンならずーっと昔は大久手辺り、その後なごや東市民病院あたり、そして今は春岡通り辺りに。もう三十年以上通っているが、味が変わらないのが素敵。ここのメニューは、基本のラーメンがあって、それに、麺《めん》が多いか、メンマが多いか、焼き豚が多いか、このうちの二種が多いか、全部多いかの八種のみ。

洋食では、まず八事近くのスペイン料理屋。開店すぐからの行きつけ。スペイン料理とはいうものの創作スペイン料理が目白押し。レンズ豆のぜんざいとか。もちろんパエリアは言うまでもない。八事近くのもう一軒はフランス料理。年に一回、家内の誕生日にしか行かない、いや、行けないが、見るからにとってもかわいい、センスのいい料理がいい。しかし終わってしまいました。石川橋辺りのスパゲッティー屋も開店直後から通っている。チョビひげのマスターのセンスは抜群。カプチーノの泡立て具合は他の追随を許さない。イタリア料理といえばもう一軒。鍋屋町辺りに。元プロボクサー、今プロレスラー？のマスター。常に研究を怠らないのは素晴らしいが、毎回創作イタリア料理の試食メニューは、○△×いろいろ。一社にある洋食屋。かつて二十五年通ったレストランシャトー（192ページ）の後を継承した感じ。鶏ものオーブン焼きが定番だが、ビーフカレーもいい。シャトーの親爺は獣医だったが、こちらは一級建築士でダーツ名人。しかしここも終わりました。

錦三なら焼肉とローストビーフ。焼肉屋はかつてはロンドンなるレストラン。一家総出の経営がうまさを呼ぶ。中でも韓《かん》うどん。毎月月末に食べに行っていたローストビーフ。ホテルの名物として古くからあったのが突然姿を消し、再度月末のみとして登場。ここは、学生のコンパでよく行った、バイキングのスカイ広場時代から通って二十五年。ここもついに閉店。

千種に引っ越してきて十四年。わが家のすぐ足もとにあるのがカクテルのうまいバー。引っ越し直後に見つけ、ずっと通っている。前のバーテンは極端に個性豊かだったが、今度も個性豊か。カクテルがいいのはもう一軒あった。末盛辺り。ここも開店十五年。割烹《かっぽう》風のおつまみがうまい。店内は細長くて、文楽の舞台で言う舟のようだったが、店を東新町にかえて、そのまま終わってしまった。

病気見舞いは玉子かバナナ、とは子どものころの思い出だが、昨今は果物券なる便利な商品券ができて、何を持っていったらいいか分からない時はとても便利になった。覚王山辺りの果物屋は母親に連れられて行ったころからのお馴染《なじ》み。

ケーキは、かつて石川橋にレザンドールがあって、毎日のように通った。毎日のように通ったもう一つの店。檀渓通出合橋袂の喫茶蘭泉。ドリップ式のコーヒーは、種々のストレートのほか、フレンチやアメリカンなど、いずれもうまかったが、そのころ僕は砂糖をスプーン四～五杯入れて飲んでいたので、本当の味は分からなかった。今はすべてブラックで飲む。ケーキといえば、瑞穂運動場近くにあったが、今は八ケ岳山麓に移った店、雲雀ケ丘近辺の店、川名近くの店、東片端辺りの店などなど。

饅頭《まんじゅう》の生産高日本一は名古屋。日本一の抹茶文化も名古屋。名古屋は町内に一軒の割合でうまい饅頭屋があるというのはちょっと言い過ぎだが、それほど多くある。中でも二代藩主光友が看板を書いた店、徳川園近くに移った、他の追従を許さない蕨《わらび》もちが有名な店、新栄辺りのおちょぼ口をかたどった和菓子の店、和菓子を買うとどこまでお持ちですかと店主に訊かれる錦三の店などなど。

気に入りの店を挙げていて気づいたのは、二十～三十年通っているか、あるいは短くても開店以来ずーっと通っているばっかり。それに大将やマスターは個性溢れる人ばかり。名古屋人の常として、気が合う店は、隅から隅までずずいーっと付き合うことに。それにしても、わがままな僕の面倒をよく見てくれていると感謝している。（2004年3、4月）

たわけ

両僧腕まくりをして張り合おうとして、その手を見つけられる。
鳴神　そりゃ何じゃや。
黒雲坊　ハイ、このようなつくね芋がござりまするなら、お斎《とき》の菜《さい》に致そうと存じて。
白雲坊　ハイ、このような蕪《かぶ》が見えましたら、汁に致して差し上げようと存じまして。
鳴神　大だわけめ。
（中　略）
白雲坊　ハテ、竜女じゃよ。
黒雲坊　イヤ、天人じゃよ。
両僧　こいつが。
　互いに喰《く》らわそうとする。また、みつけられて、
鳴神　そりゃ何じゃや。

両僧　急々如律令《きゅうきゅうにょりつりょ》。

鳴神　大だわけめが、結跏趺坐《けっかふざ》して黙《もだ》しておろう。

これは、歌舞伎十八番の「鳴神」の一節。鳴神上人が行法《ぎょうほう》をもって龍神を滝壺《つぼ》に閉じこめてしまったので、天下は大干魃《かんばつ》。朝廷は絶世の美女雲の絶間姫に命じて、京都北山の岩窟に行かせ、色で鳴神上人を誑《たぶら》かし、行法を解き、龍神を解放しようとした。滝壺にやってきた雲の絶間姫の念仏の声を聞いた鳴神上人が、白雲坊黒雲坊両人にそれを確かめに行かせる場。気味が悪くて確認に行きたくない両人がけんかを始めるので、鳴神が怒って両人を「大だわけ」と叱っているが、それが二カ所もある。すなわち、「たわけ」なる言葉は、江戸時代は全国的に展開していたのだ。もともとは、遺産相続で田を子どもに平等に分け与えていくと、仕舞には田地がなくなってしまうので、田を分けるのはばかな事だとされ、転じてばか、愚か者の意になったもの。しかし現在、「たわけ」と言うと、名古屋弁だとされる。

このように、かつては江戸でも、京都・大坂でも使われていた言葉で、今は名古屋にしか残っていないものがいくつかある。「おいてくれ」もその一つ。お歳暮をもってあいさつにいったら、「まあ、そんなこと、おぇーてちょーだゃー（おいてちょうだい＝やめて下さい）」と言われて、どこに置いたらいいのかまごまごしてしまったとか。「ずつなゃー（ずつない＝対処する方法が見つからなくて困る、苦しみや悩み事で切ない・やりきれない）」も、元禄十一年（一六九八）初演の歌舞伎「けいせい浅間嶽」に出てくる。そのほか、沢山の意の「ようけ」「ぎょうさん」、来る・居るの敬意表現「ござる」、室町時代からの女房言葉「御《お》味《み》御《お》付《つけ》」を省略した「おつけ（お味噌汁）」、近松門左衛門作「大経師昔暦」の一節「猫ちょうらかしてござっても済まぬ事」のような「ちょうらかす（からかう・じゃらす・あやす）」、「ぬくとぇー（ぬくとい＝暖かい）などなど。

名古屋弁には意外に古くは全国区だった言葉が多い。言葉の伝統も、名古屋では現役で生き続けているのである。（2000年1月）

番外編　八重山料理

僕は毎年、南山大学同窓会沖縄支部の総会に行っている（沖縄だけで同窓会を開いては？と提案したのは僕。行きがかり上、皆勤しているのだ）が、今年は二十余年ぶりに家内を同伴した。

初めて沖縄に行ったのは新婚旅行。アメリカから日本に返還された二年後の昭和四十九年。そのころは交通も、人は左、車は右側通行時代。それから比べると随分変わった。特に「ゆいレール」と呼ばれるモノレール。鉄道のなかった沖縄に初めて登場した乗り物。

変わらないものも多々ある。最初の時、名古屋大学の名誉教授で琉球大学の客員教授だった中国哲学の大浜晧先生をお訪ねして、八重山料理の「ひるぎ」という店に連れて行っていただいた。そこの「彩飯《さいふぁん》」なる、いわば八重山風お茶漬け（ご飯にだし汁をかけ短冊に切った卵焼きや椎茸《しいたけ》、蒲鉾《かまぼこ》、鶏肉などを載せたもの）が妙に印象に残った。ちなみに、ヒルギとは亜熱帯の海水と淡水が交叉《こうさ》する河口や潮間帯に生い茂るマングローブのこと。八重山諸島の象徴的な樹木。

それから十八年、沖縄県立芸術大学で東洋音楽学会が開かれ、昼食の場を探していた時、たまたま目に入った八重山料理の看板が「潭《たん》亭」だった。つい惹《ひ》かれて入って、メニューを見ると懐かしい彩飯が。早速注文、出てきた彩飯を見るとかつて見たのと同じもの、食べてみると、これがなんと「ひるぎ」の彩飯そっくりの味。あまりの懐かしさに、思わず、これはかつて食べた「ひるぎ」の彩飯と全く同じだと叫んでしまった。よくよく聞いたら、「ひるぎ」は「潭亭」の経営者兼料理人宮城礼子さんのおじさんだった。「ひるぎ」の料理法をすべて伝えているとのこと。

彩飯と並んで八重山そばもいい。彩飯と同じお出し汁《だ》のそばは、沖縄独特の平打ちのそばで日本そばではない。これに薬味として豚のヒレ肉やかまぼこが少し載せてある。沖縄と言えば、ソーキ（豚の骨付きあばら肉）そばや沖縄そば（豚の三枚肉を載せたもの）が有名だが、八重山そばはあっさりとしてわれわれヤマトンチューにとっては食べやすい。ちなみに、琉球（沖縄）では、沖縄の人をウチナンチューと呼ぶ。沖縄は琉球語で「ウチナー」。日本語の母音は、現在は「あいうえお」だが琉球語は「アイウ」の三音。だから、「お」は「ウ」となる。また、沖縄では、本州・四国・九州などを内地とか本土とか呼ぶ。

沖縄料理といえば、てびち（豚足）やラフテー（豚の角煮）など、名古屋人にはちょっとくどそうなものが多いが、八重山料理は意外とあっさりしたものがいくつかある。ジーマミ豆腐（地豆＝落花生豆腐）は内地のごま豆腐によく似ている。食べ方も同じ。蒲鉾もよく使う。お酒は八重山でも泡盛。泡盛に漬け込んだ果実酒も独特の味わい。

国際通りの公設市場で薫製の「チラガー」を買った。チラガーは面皮でツラノカワのこと。それも豚の顔の皮。ミミガーは耳皮でこちらの方はよく知られている。名古屋市内のスペイン料理店とイタリア料理店へのお土産。これを細い短冊に切ってつまみとして客に振る舞う。うまいと言って食べた後へ、やおら一枚なりのチラガーを見せると客がビックリする仕掛け。僕がちょっと耳打ちした遊び。味の方は、豚の薫製なのでハムに近い。すごくうまいとは思わないが、一度食べてみる価値はある。公設市場には肉屋のほか、魚屋、乾物屋、漬物屋などがあり、地元沖縄産のものばかり売っている。魚は実にカラフルである。

最近名古屋にも沖縄料理の店は多い。ゴーヤーチャンプル、そうめんチャンプルー、オリオンビールなど、メニューは沖縄と同じだが、ちょっと味が違う。材料も、料理法も同じだと思うのだが、やはり沖縄の風土の中で味わわないといけないのだろう。南の島の沖縄は、夏は暑いけれども、カラッとしている。日差しは強烈だが、日陰に入ると、涼しい。冬は常夏で寒さ知らず。夏はむんむんと蒸し暑く湿気が多く、冬には雪も降る名古屋とは、好対照だ。同じ感覚で味わえるはずがない。何と言っても、現地で、その土地で育った味を味わうのが、究極のグルメというものだ。(2005年7月)

あとがき

名古屋名物数々あれど、
黄金《きん》の鯱《しゃちほこ》、芸処《どころ》、歌舞伎は御園座、中日劇場、抹茶、饅頭《まんじゅう》、貯金好き、
せんじ、菓子撒《ま》き、黄ないおこわ、山車からくりに獅子芝居、
数えあぐれば数知れず、
ほんに名古屋はええとこだなも

とは、昨年（平成二十二年）十月三十一日名古屋市青少年文化センター（アートピアホール）で行われた「名古屋こども歌舞伎」初御目見得の口上。名古屋市内の小学校一年生から六年生までの児童六十五人と中学一年生（入座の時は六年生）五人による歌舞伎。口上役は四年生。口上の詞は僕の作だが、困ったのは名古屋弁の発音と抑揚。「黄ない」を「きいなゃあ」と発音させたり、「名古屋」を「な」にアクセントを付けるのではなく平板に「なごや」と言わせたりするのにちょっと手間取った。よく名古屋弁は「みゃあみゃあ」「にゃあにゃあ」だと言われるが、とんでもない間違い。正しくは「まゃぁ」「なゃぁ」。「みゃあみゃあ」「にゃ

あにゃあ」は猫弁だ。こんな簡単な違いが分からないようでは困ったものだが、名古屋弁を揶揄《やゆ》して人気を稼いでいるタレントなどは言語道断。さらに、名古屋において「うみゃあ」などといったコマーシャルが流れるようでは、自分たちの文化を自分たちで潰していて、じつに情けない。面白ければいいかげんなことでも構わない、笑いものにすればよく売れる、などといったことは絶対に謹んでもらいたい。しかし、名古屋弁、ひいては名古屋文化が急速に消えつつあるという危機の裏返しでもある。

　僕は生粋の名古屋人と言いたいが、熱田生まれ熱田育ちの、根生《ねおい》の熱田人なのだ。熱田人は名古屋に対して誇りを持っている。熱田は古事記以来約千三百年の歴史を誇るのに、名古屋は四百年しか経っていない。名古屋は蓬左と言われるが、それは、都から見て、蓬莱の島（熱田）の左手に名古屋があるからで、古代から熱田がこの地域の中心であったことの裏付けなのだ。たいしたことではないが、このこだわり、生まれ育った土地をこよなく愛することは、とっても大事なこと。ここから人生のすべてが始まる。熱田を離れることなく四十四年過ごし、今は千種駅の側に二十一年住み、その上、白鳥小学校、東海中学・高校、名古屋大学と学校生活を送り、南山大学に赴任し、現在に至っている僕は、きわめて狭い範囲（地下鉄環状線の内側）でしか人生を過ごしていない。だから、外から名古屋を見つめたことがないが、内側からは深く深く名古屋を見つめ、その良さ、愛すべき所をよく知っているつもり。それを、どうやって伝えていこうかと思案していたところ、大学時代の同期生藤野昌宏君（当時名古屋タイムズ編集局）から、隔週水曜日に名古屋文化のコラムを書いて欲しいとの要望。一も二も無く承知し、二年半、六十二回にわたって執筆した。

その後平成十二年一月から始まったのが月刊『あじくりげ』の「名古屋飲食夜話」。平成二十一年十二月までの十年間、百六十回の連載。本書は前半六十六話から選んだので、各話の末尾の年月は原稿完成時。いま、改めて読み返すと、「お屠蘇《とそ》」など、重複して書いていることが結構あるが、前原稿をきちんを見直さず、その都度の興味で書いたので、こういうことが起きた。又かの関などと言わずに大らかにお読みいただきたい。第四十九・五十回では、当時営業中の僕のお気に入りの店を、店名を上げずに書いたが、今は消えてしまった店が七店にも及んでいる。栄枯盛衰、諸行無常は世の常だけれど、その変化の速さに今更ながら驚く。あの店は決して蘇《よみがえ》らない。現在を大切に生きよとの教訓か。

文化も同じ。一度消滅すると二度と蘇らない。先祖が営々として築いてきた文化を消滅させてはいけない。町村合併など、地域性を疎かにする在り方は良くない。愚かなことだ。

本書を上梓するにあたり、「飲食夜話」の原稿を書く度に、目を通して、訂正・補筆してくれた妻徳子、毎回締め切りに間に合わず散々迷惑を掛けた「あじくりげ」編集子本田美保子さん、大所高所よりお心遣いをいただいた小出宣昭先輩（中日新聞社社長）、加うるに挿絵で協力してくれたゼミ生、加藤由恵・伊藤結・石原愛・布藤真千代さんに深く深く感謝いたします。

本書は『あじくりげ』（東海志にせの会発行）で連載した「なごや飲食夜話」の１９９９年２月号～２００５年12月号掲載分の中から抜粋したものです。

著者略歴

安田文吉（やすだ・ぶんきち）

昭和20（1945）年、名古屋市生まれ。昭和50年、名古屋大学大学院文学研究科博士課程を修了後、南山大学文学部専任講師、助教授を経て、南山大学人文学部教授。平成26年3月退任。南山大学名誉教授。東海学園大学人文学部客員教授。博士（文学）。幼少のころより常磐津節、西川流日本舞踊、フルート、書道を習い、芸能に興味をもち、浄瑠璃・歌舞伎研究をライフワークとする。テレビや講演など活発な社会活動を行っている。

著書に『なごや飲食夜話　二幕目』『なごや飲食夜話　千秋楽』（中日新聞社）、『歌舞伎入門』（共著・おうふう）、『ひだ・みの地芝居の魅力』（共著・岐阜新聞社）など多数。

なごや飲食夜話（なごやおんじきやわ）

2011年11月25日　初版第1刷発行
2020年 3 月26日　初版第2刷発行

著　者　安田　文吉
発行人　勝見　啓吾
発行所　中日新聞社

〒460-8511　名古屋市中区三の丸一丁目6番1号
電話　052(201)8811（大代表）
　　　052(221)1714（出版部直通）
郵便振替　00890-0-10番

印　刷　サンメッセ株式会社

定価はカバーに表示してあります。
落丁、乱丁本はお取替えいたします。

ISBN978-4-8062-0632-3 C0039